JN174919

はじめてでもきれいに刺せる

刺しゅうの基礎

安田由美子

日本文芸社

カバーの刺しゅう実物大図案
指定以外糸はDMC 25番刺しゅう糸
Blanc 2本どり

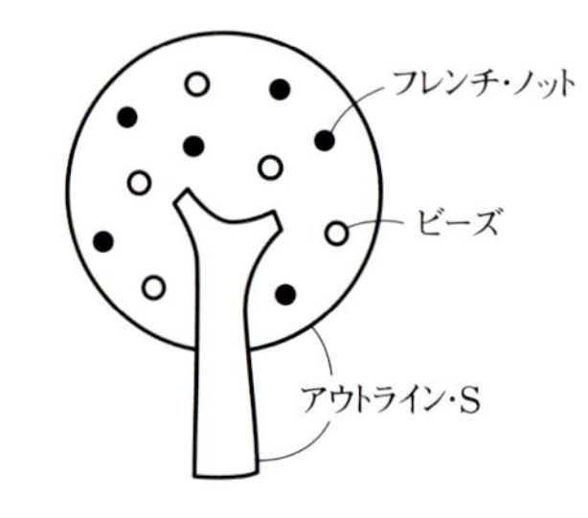

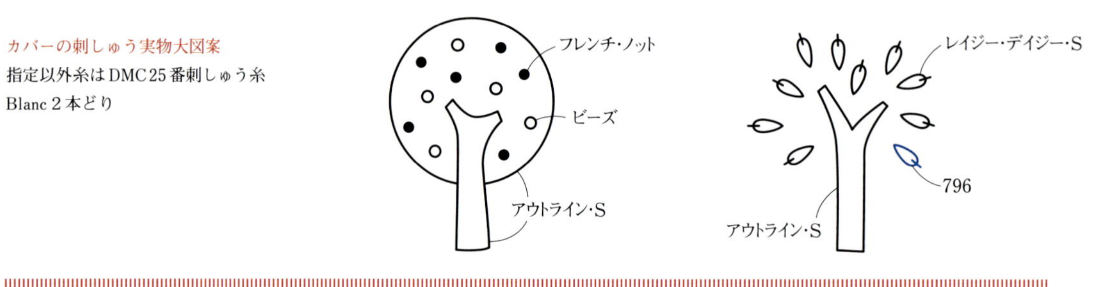

刺しゅうについて知っておきたいこと

§1 刺しゅう糸について

§2 布と芯について

§3 刺しゅう針について

§4 刺しゅうに必要な用具

§5 図案の写し方

§6 刺しゅう糸の取り扱い方

§7 刺しゅう糸の通し方

§8 刺し始めと刺し終わり

§9 仕上げの方法

※本書の刺しゅうに使っている糸はDMC25番刺しゅう糸で、図案ページの数字はDMC刺しゅう糸の色番号です。
図案ページの「S」はステッチの略です。

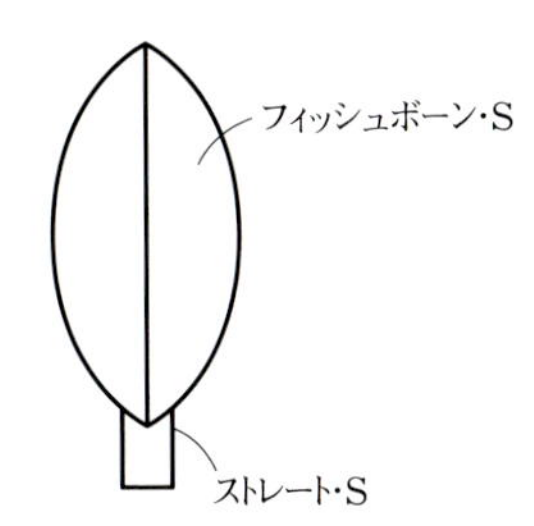

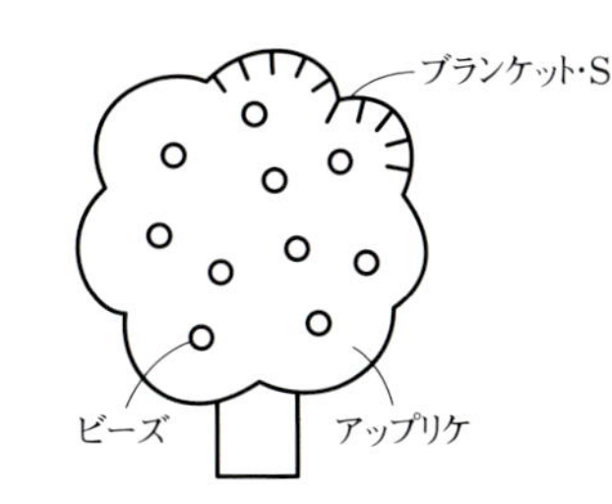

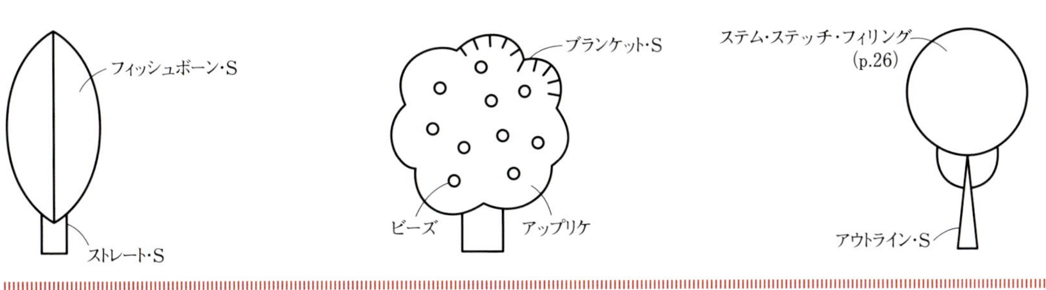

自由刺しゅうのステッチ 17

§1 線のステッチ

§2 面のステッチ

§3 ワンポイントのステッチ

§4 つなげるステッチ

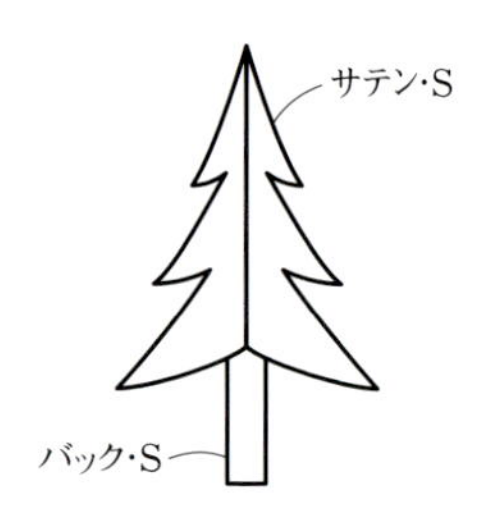

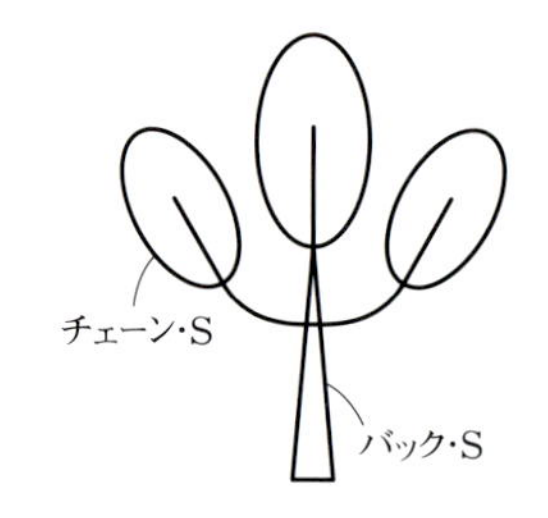

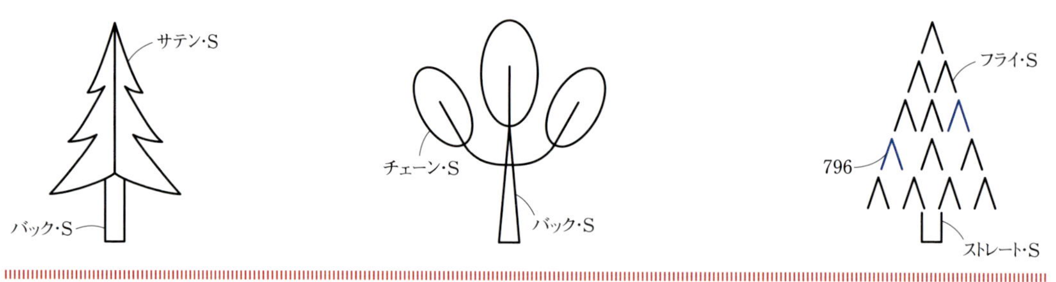

クロス・ステッチ

§1 クロス・ステッチの糸について

§2 クロス・ステッチの布について

§3 クロス・ステッチの用具

§4 刺し始める前に

§5 クロス・ステッチの刺し方

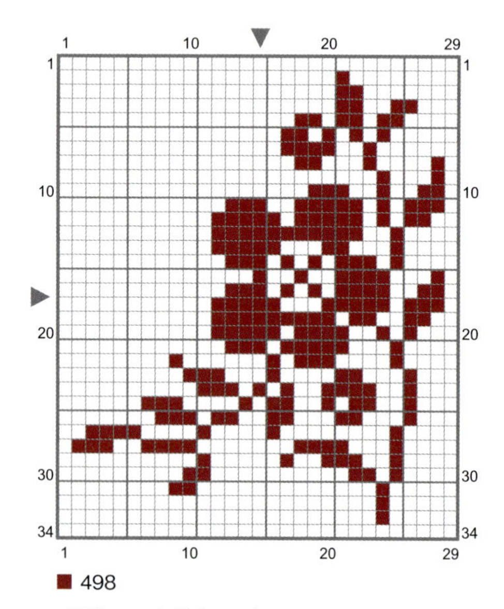

p.77 1 over 1のチャート
(織り糸1本を1目として1本どりでクロス・S)

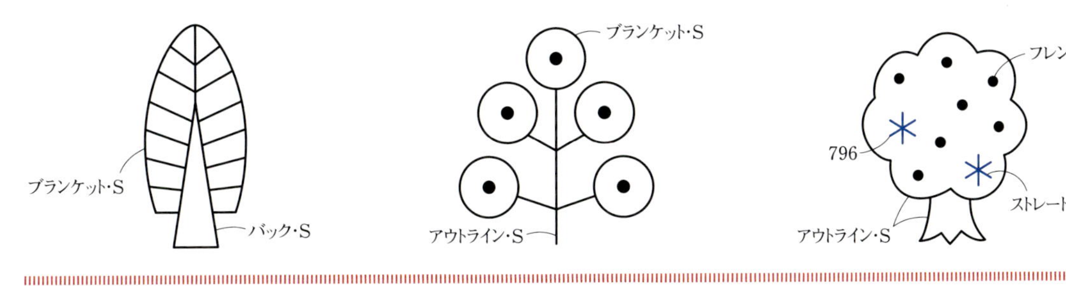

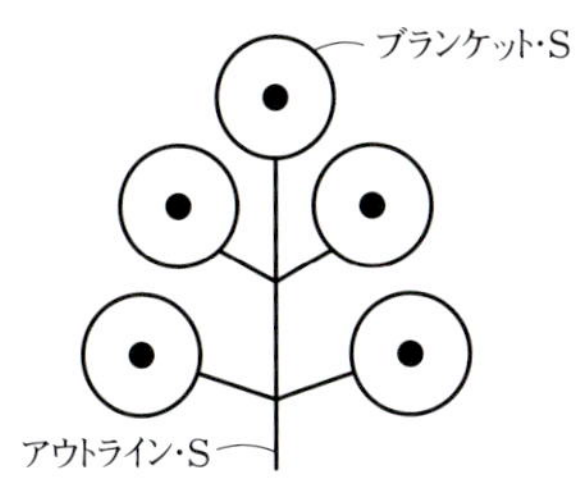

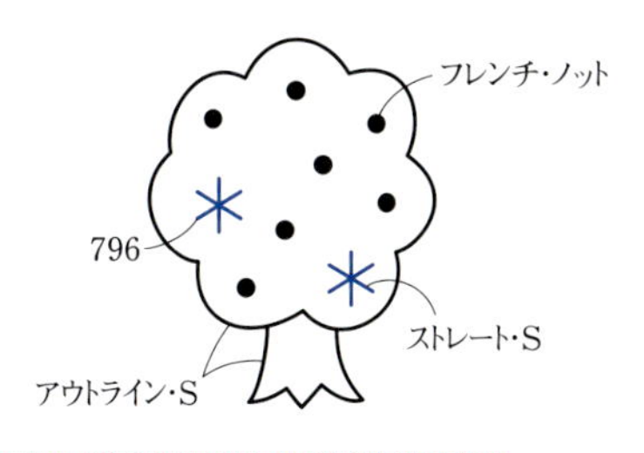

ビーズ・スパングル刺しゅう

§1 ビーズとスパングル

§2 ビーズ刺しゅうの用具について

§3 ビーズの刺し方

§4 スパングルの刺し方

リボン刺しゅう

§1 リボンについて

§2 リボンの刺し方

アップリケ

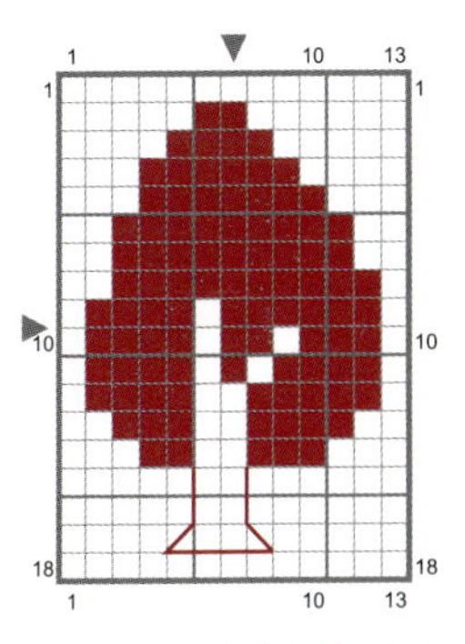

クロス・S 2本どり ■ 321
バック・S 1本どり — 321

刺しゅうについて知っておきたいこと

古くから親しまれてきた刺しゅうは、針と糸があればできる手芸ですが、知識として知っておきたいこと、知っていればより美しく仕上がり、もっと刺しゅうが楽しくなることがたくさんあります。

§1 刺しゅう糸について

刺しゅう糸の種類

1. 25番刺しゅう糸

- もっとも一般的で、よく使われる刺しゅう糸。
- 綿100％で細い撚(よ)り糸6本が束になっている。1束の長さは約8メートル。
- 撚り糸6本から、指定の本数を1本ずつ引き出し、引きそろえて使う。1本で刺すのを「1本どり」、2本で刺すのを「2本どり」……という。
- 日本で手に入りやすい刺しゅう糸のメーカーはDMC、コスモ、アンカー、オリムパス。
- 色は番号で表されるが「Blanc(ブラン)」(白)、「Ecru(エクリュ)」(生成り)など色名表記されることもある。番号はメーカーによって異なる。
- 濃淡のついた段染めの糸もある。

初心者なので100円ショップの刺しゅう糸を使おうと思うのですが……。

A 100円ショップでは25番刺しゅう糸が数色セットで100円で売られています。最初は安価な糸でと思うかもしれませんが、太さが一定でなかったり、色落ちしたりする糸が多いのも事実。「糸が切れちゃった」「刺しゅうってやりにくい」となっては、とても残念です。専門メーカーの刺しゅう糸も1束100円程度で購入できるので、まずは1本でよいのでいい糸を用意して始めてみましょう。

2．その他の刺しゅう糸

●パールコットン…25番刺しゅう糸よりも太く、固く撚りがかかった光沢のある糸。1本どりで使う。5番、8番、12番があり、5番が比較的よく使われる。

5番

8番

●ソフトコットン…つやのない太くてやわらかい糸。

●アブローダー…4本で撚られているコットン糸。1本どりで使うことが多い。

●花糸…光沢のない甘撚りの1本どりの糸で、クロス・ステッチにもよく使われる。

●金糸、銀糸…作品の中でアクセント的に用いたり、ゴールドワークに使ったりする。

糸の撚りについて

糸には「S撚り」と「Z撚り」があり、25番刺しゅう糸など手縫い向きの糸はS撚りが多い。Z撚りの糸を使うと、撚りが逆なのでステッチの表情が変わる。撚りの本数や強さで糸の光沢にも違いが出る。

S撚り

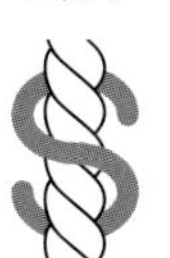

おもに
手縫い糸

Z撚り

ミシン糸
25番刺しゅう
糸の6本の束

25番刺しゅう糸の
6本のうちの1本

2本の撚り糸
光沢がある

アブローダー

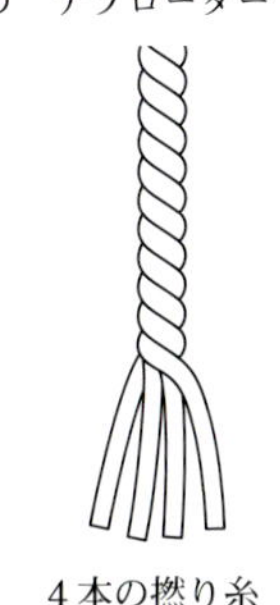

4本の撚り糸
落ち着いた光
沢がある

25番刺しゅう糸、5番刺しゅう糸………、刺しゅう糸の番手って？

A 数字は糸の太さを表しています。1グラムのコットンを25メートルの糸にしたものが25番、5メートルの糸なら5番。そのため数字が小さいほうが糸が太くなります。

§2 布と芯について

布について

1．刺しゅうに向く布

針が通りやすく、表面が平らな布が刺しやすい。

リネン

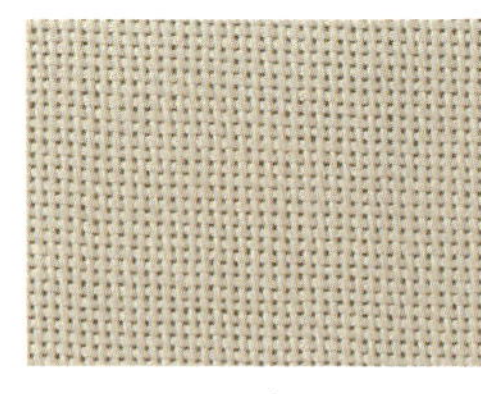

コットン

コットンプリント地

2．刺しゅうに向かない布

以下の布は刺しにくい、刺しゅうが効果的に出ないなど、刺しゅうには不向き。

硬く厚手の布
（インテリア用など）
→針が通りにくい

でこぼこの多い布
→刺しゅうがきれいに見えない

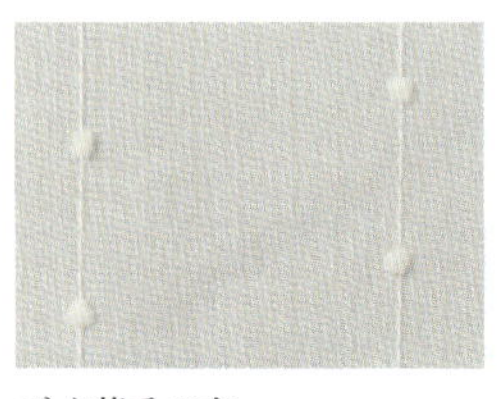

ごく薄手の布
→裏に渡った糸が透けて見える（シャドーワークには向く）

工夫して刺しゅうをしやすくすることもできる。

伸びる布は接着芯を貼ったり、チェーン・ステッチなど伸縮するステッチで刺したりするとよい。

厚手の布も針が通りやすいものは、刺しゅうができる。

教えて、安田先生！
Q&A

布に表裏ってあるの？

A 無地の布は表裏の判別が難しいですね。布の耳に印字がある場合は、印字されている面が表です。またリネンは目立つネップ（斑点や節（ふし））や、キズが多いほうを裏にして使いましょう。判別が難しい布は、どちらを表に使ってもかまいません。

3．刺しゅうをする前の準備

●手を洗う…刺しゅうを美しく仕上げるためのもっとも基本的なこと。

●全体のイメージを確認

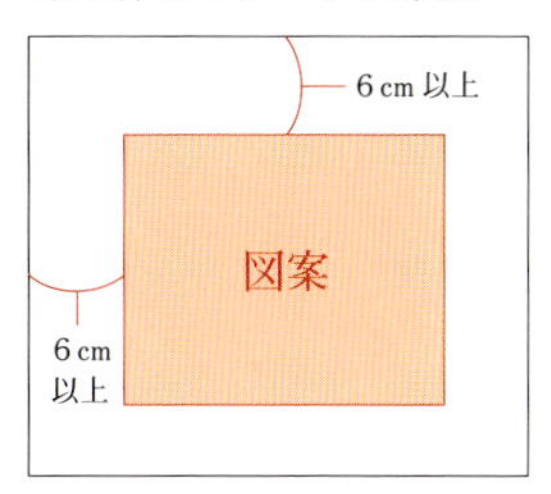

図案と余白の寸法を決める。額にする場合は周囲に最低 6 cm の余白をとる。

図案を写して刺し始めようと思ったら、布にキズが……！

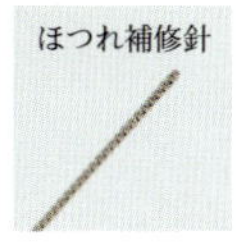

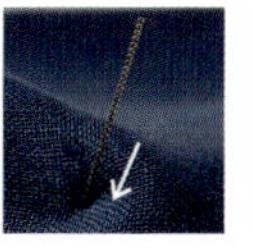

A いざ刺そうと思ったときにキズを見つけたらショックですよね。最初にキズがないか確認しておくことも大事ですが、途中で気づいたときは「ほつれ補修針」で修繕できる場合もあります。キズの部分に針を出し、キズを引き込むように針を裏に戻します。

●布目を整える…刺しゅうをする前に布目を整えておく。

① 布が歪んでいたら、よこ糸が 1 本通るまでよこ糸を抜く。

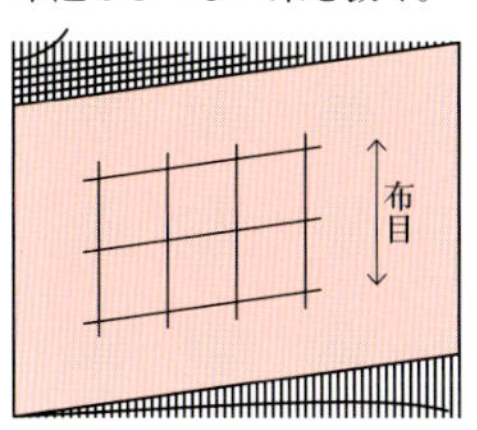

② 全体に霧を吹き、ポリ袋に入れて 2 時間～ひと晩置く。

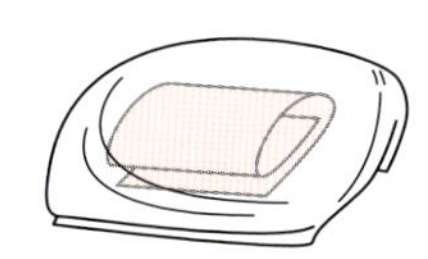

③ 湿った状態で、角が直角になるように歪みを直す。

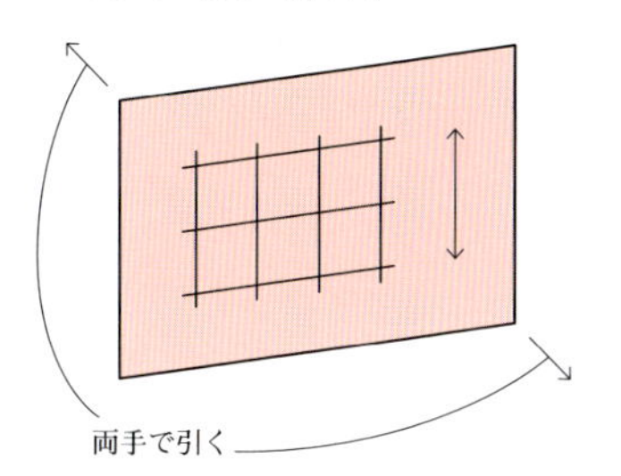

④ 裏からたて方向にアイロンをかける。横方向に強くかけると布が伸びてしまうことがあるので気をつける。

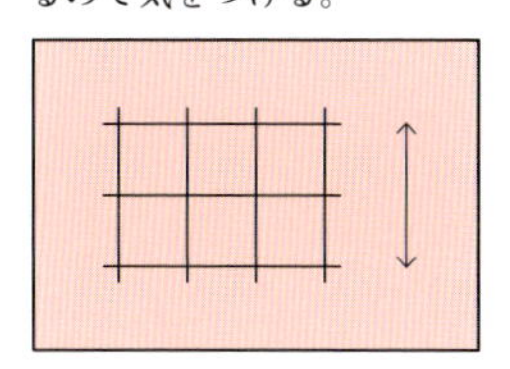

⑤ 刺しゅうの途中で布端がほつれてくるので、かがったり縁かがりミシンをかけたりして始末しておく。

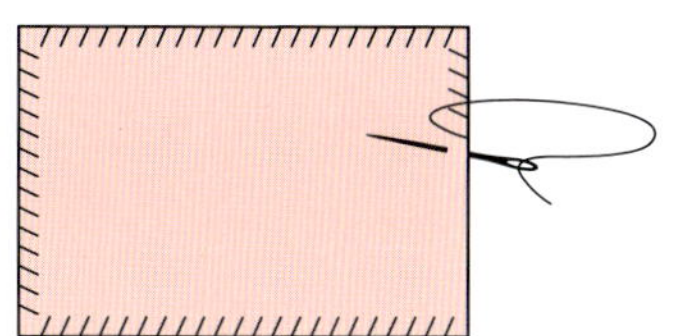

※すぐに刺し終わるもの、布目が密な布はかがらなくてもよいが、リネンなどほつれやすい布は必ずかがっておく。

芯について

1．刺しゅうに向く接着芯

接着芯を刺しゅう布に重ねて使うと、薄い布や柔らかい布も刺しやすく、仕立てもしやすくなる。

左から不織布タイプ（白、黒）、織物タイプ。濃色の布には黒などの接着芯を使う。

2．接着芯の貼り方

①接着芯を刺しゅう布からはみ出さない大きさに裁断する。

②下からアイロン台、クッキングシート、刺しゅう布（裏面を上にする）、接着芯（糊のついた面を布に合わせる）、クッキングシートの順に置く。

③アイロンは中温。高温だと接着芯が溶けることがあるので注意する。

④1カ所につき10秒程度プレスする。

⑤アイロンは滑らせず、持ち上げて移動させる。

⑥半分くらいずつ重ねて、接着漏れがないようにする。

⑦接着したら、冷めるまで平らにしておく。熱いうちに曲げるとそのまま固まってしまう。

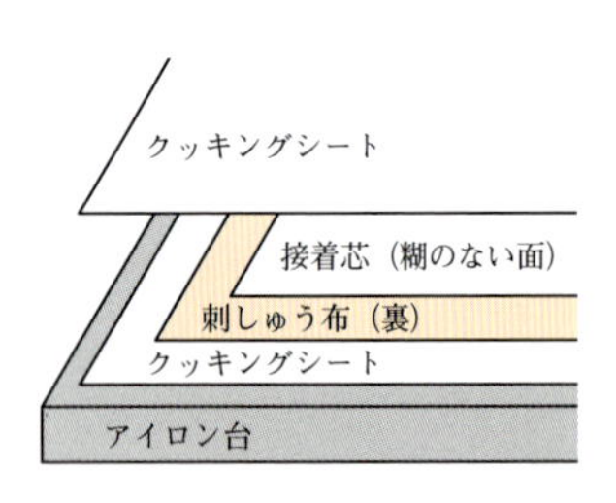

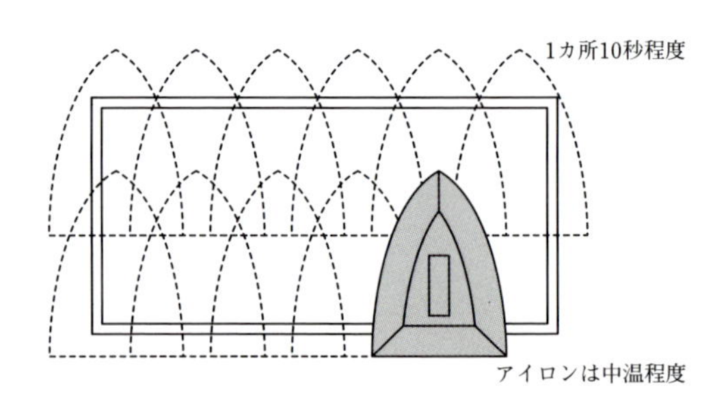

§3 刺しゅう針について

刺しゅうに使う針

1. 刺しゅうに使う針の形状

針穴（頭）＼針先	尖った針先	丸い針先
小さい針穴	【シャープ針】 アップリケ針　手縫い針	――
長い針穴	【エンブロイダリー針】 フランス刺しゅう針 （自由刺しゅうに適した針） ビーズ刺しゅう針	【刺しゅう針　先丸タイプ】 （かがる作業の多い技法向き）
広く長い針穴	【シェニール針】 リボン刺しゅう針	【タペストリー針】 クロス・ステッチ針 リボン刺しゅう針（ニット地用）

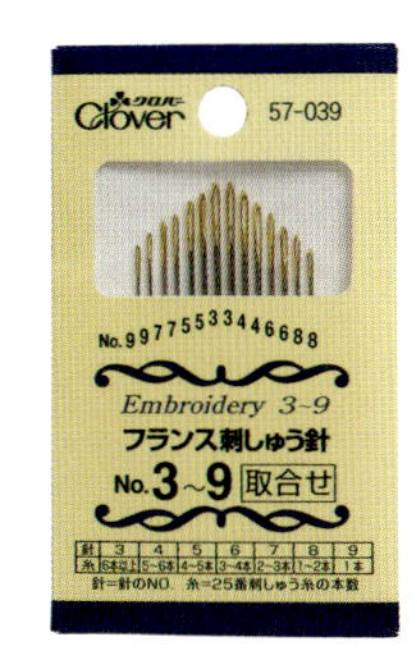

最初は写真のようにサイズが数種類取り合わせになっているセットを用意するとよい。

2. 針の太さと適した糸

●フランス刺しゅう針の号数	●25番刺しゅう糸の本数	●その他の刺しゅう糸
No.3	5～6本どり	5番刺しゅう糸
No.4	5～6本どり	
No.5	4～5本どり	8番刺しゅう糸
No.6	3～4本どり	
No.7	2～3本どり	12番刺しゅう糸
No.8	1～2本どり	
No.9	1本どり	
No.10	1本どり	

※数字はクロバーフランス刺しゅう針の場合。国やメーカーによってサイズ表示が異なることもある。

3. 針の太さと糸のバランス

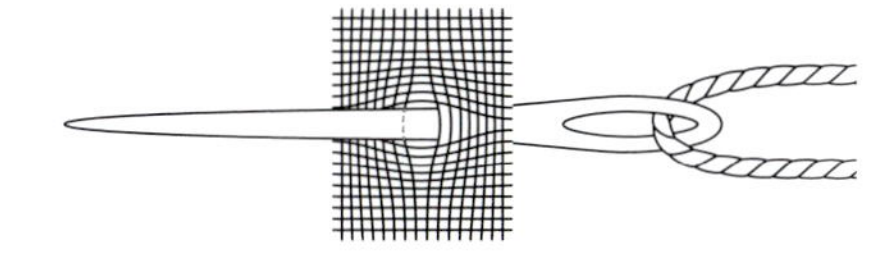

●針の役割は糸を通す案内の穴を開けること
　→細すぎると糸がすれて傷む
　→太すぎると余計な針穴が開く

●長さは手に合った刺しやすいものを選ぶ
　→長すぎても短すぎても刺しにくい

§4 刺しゅうに必要な用具

刺しゅう枠

1. 枠の役割

●枠を使ったほうがきれいに刺せるステッチがある（コーチング、サテンステッチなど）。

●必ず使う必要はなく、使わなくても刺しやすいステッチもある（アウトライン・ステッチ、バリオンノットなど）。

2. 丸い枠

●一般的な枠。サイズも2～3cm刻みでそろっている。

●持った手の中指の先が枠の中心に届くくらいの大きさが使いやすい。

●ハンカチの角などにワンポイント刺しゅうをする場合は、小さいサイズの枠がよい。

●枠にさらし程度の厚みのバイアス布を巻くと、滑り止めになり刺しやすい。巻き終わりは軽くボンドでとめておく。内枠に巻くだけでもよい。

●枠に布をはめる手順

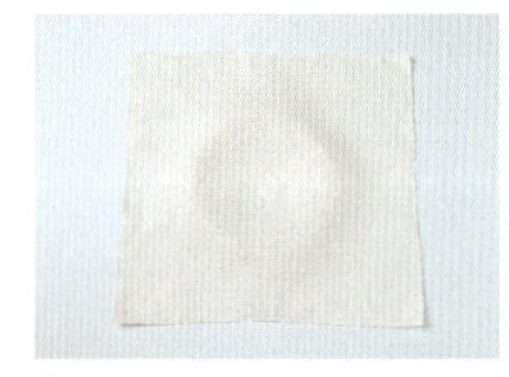

① きれいに拭いた作業台に内枠を置き、布を置く。

② 外枠を内枠の高さの半分くらいまではめてネジをある程度締める。

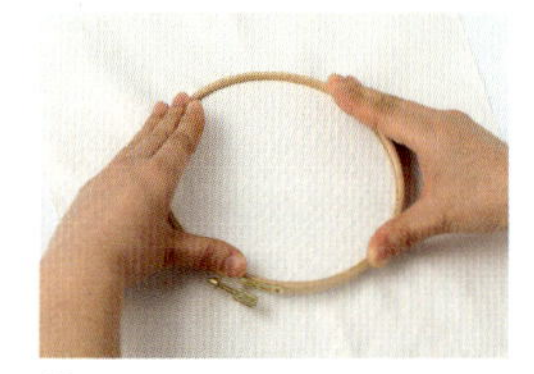

③ 両手で押さえて、しっかり外枠をはめ、再度ネジを締める。

※しばらく刺さないときは、枠のあとがしっかりついてしまうのを防ぐため、枠から布をはずしておきましょう。

布が小さくて枠にはめられません。

A 枠にはまらない小さな布は上に別布をのせ、刺しゅう布の端から1cmほどの周囲を縫います（写真上）。別布を切り取り、刺しゅうをします。ステッチテープやリボンに刺しゅうをする場合も、別布の上にテープやリボンをのせ、両端を布に縫いとめて枠にはめます（写真下）。

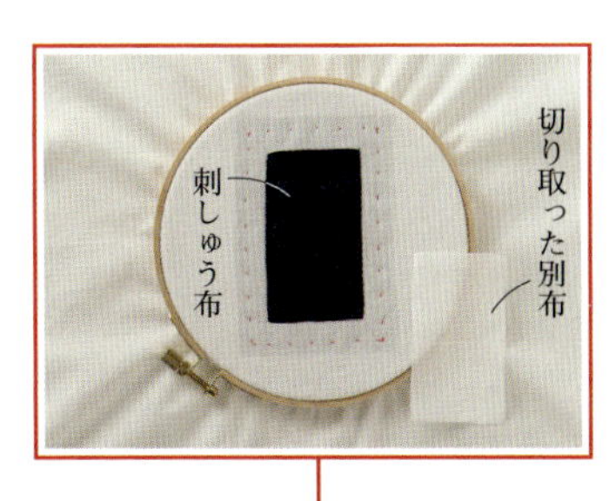

刺しゅうをする部分に合わせて枠をはめ直しますが、刺しゅうした部分にも枠をはめてよいのでしょうか？

A 刺しゅう糸がすれることもあるので、当て布をして枠をはめるとよいでしょう。当て布は白いハンカチや、薄紙などでもかまいません。刺し終わった刺しゅう糸の摩耗を防ぐことはもちろん、布の汚れも防げるので、ぜひ取り入れてほしい方法です。

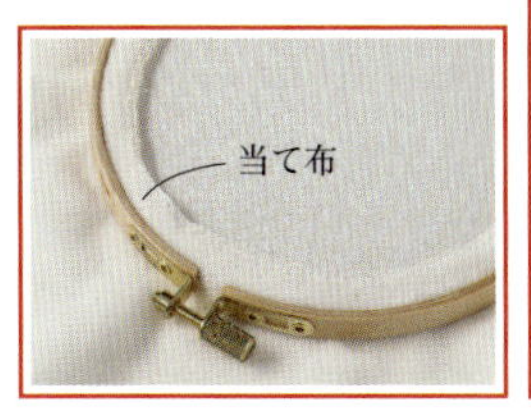

枠を使わずに刺す場合はどのように布を持てばいいのでしょうか？

A イラストのように布を親指・人さし指と中指・薬指でしっかりはさんで持ちましょう。布目が斜めだと布がバイアスになって伸びてしまうので、気をつけます。

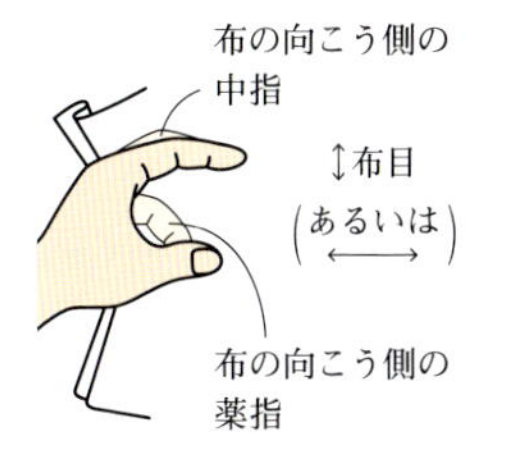

はさみ

1．糸切りばさみ

- 先が細い、専用のはさみを用意する。先が細いとステッチの渡っている針目に差し込んで切れるので使いやすい。
- 刃先が上に反っている反り刃のハサミは、布を切ってしまう心配が少ないので便利。
- 糸切りばさみでは布を裁たない。

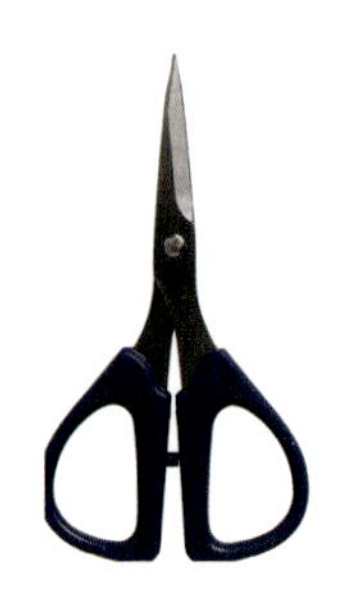

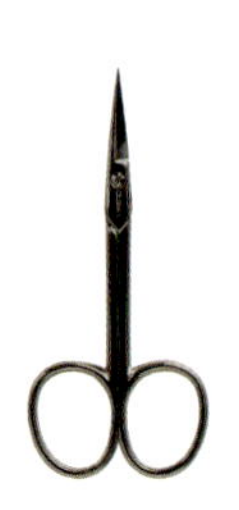

2．裁ちばさみ

刺しゅう布を裁つときや、かせになっている糸を切るときに使う。

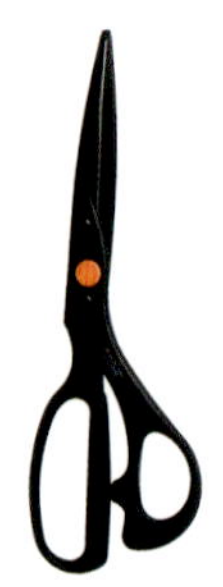

指ぬき

指先が針の頭に押されると痛いので、必要に応じて指ぬきを使う。一般的にはキルティングなどに使うシンブルを針を持つ手の中指にはめる。

シンブル

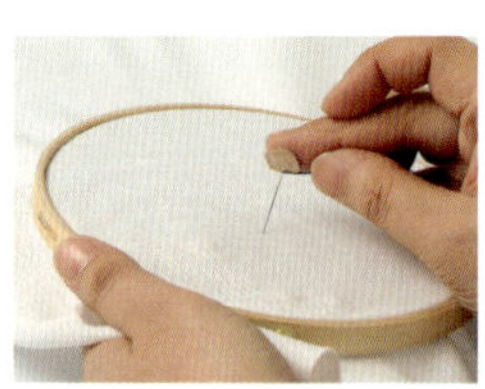

本革を丸く切ったものにつけ爪用テープをつけて中指に貼っても、シンブルとして使える

刺していると糸がどんどんよじれてきます

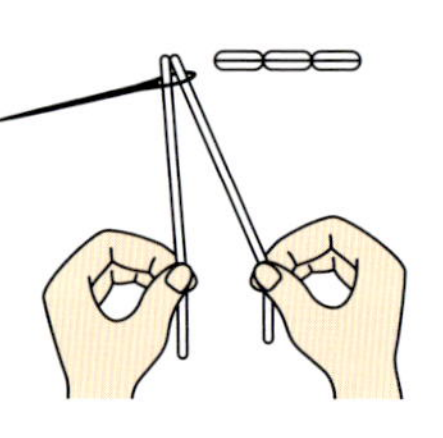

A ずっと刺していると、だんだんと刺しゅう糸がよじれ、くるくるしてきてしまいます。そのまま刺し続けては仕上がりが美しくならないので、時々よじれを戻してあげましょう。イラストのように、針を布のきわまで動かして、糸をわけてから針を戻します。

ピンクッション

表布も詰め物も毛100%が理想的。日本は湿度が高く、表布が綿だと針がその部分だけ錆びてしまうことがある。また、針の番手がわからなくならないよう、ピンクッションには針の号数を記し、使った針は同じ場所に戻す。長期の保管は桐の箱に入れたり、除湿剤を利用したりしてサビを防ぐための工夫が必要。

糸通し

刺しゅう糸専用の糸通し

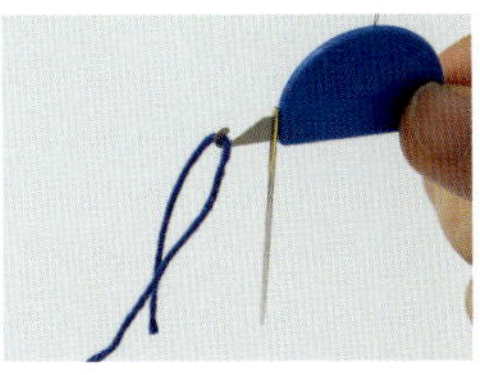

ブルーのタイプは糸の太さと針穴の大きさによって3カ所のフックを使い分けて糸を通す。グリーンのタイプは糸が縦になって通るので、スムーズに針に通せる。

あると便利なもの

1. ミシン用糸通し

糸始末に使うと便利（p.21参照）。布の裏で針に糸を通した状態で糸始末をするには、糸を10cmは残しておかなければならないが、これがあれば糸を3cm残しておくだけで楽に糸始末ができる。

2. カーブ目打ち

先が丸く、適度にカーブしている目打ち。ステッチをほどくときにも使いやすい。

3. 水筆

霧吹きで消えなかった細かい部分の印を消すのに便利。

§5 図案の写し方

複写紙を使う方法

1. 必要なもの

●水で消えるタイプの片面複写紙

手芸用の片面複写紙で、水で消えるタイプを選ぶ。布色の濃淡にかかわらず使えるのはグレー。

●その他必要な用具

○**トレーサー**…インクがなくなったボールペンでも代用できる。

トレーサー

○**トレーシングペーパー**…薄いタイプが転写しやすい。

○**OPPシート**…包装用のパリッとした手触りの透明なシート。トレーシングペーパーを直接なぞるとペーパーが破れてしまうので、保護のために重ねる。

○**マスキングテープ**…トレーシングペーパーを布に貼るのに使う。

○**水で消えるペン**…写せていなかった部分を直接布に書き足すときなどに使う。

2. 写し方

① トレーシングペーパーに細いペンや尖った鉛筆などで図案を写す。

② 硬く平らな机に、ゆがまないように布を置く。

③ ①を布の上に置き、マスキングテープでとめる。

④ 片面複写紙を色がついている面を下にして、トレーシングペーパーと布の間にはさむ。

⑤ 上にOPPシートをのせ、トレーサーなどで図案をなぞる。

⑥ 写せていなかった部分は、水で消えるペンで図案を書き足す。

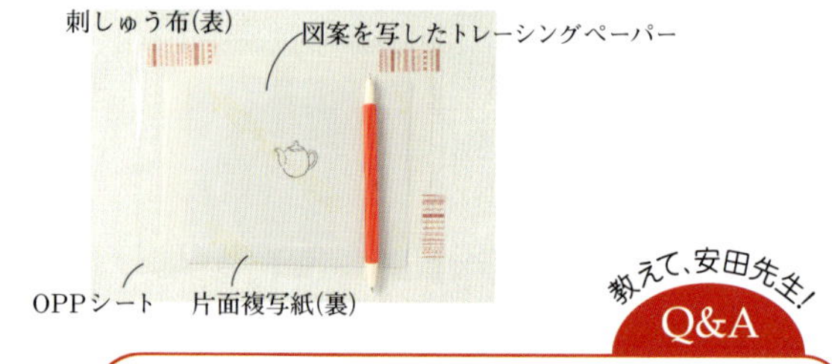

教えて、安田先生! Q&A

○図案がすぐに消えてしまいます
○一度消しても、あとでまた線が出てきます

A 水で消えるペンは湿度が高い状態に置いておくと消えてしまうことがあります。梅雨時は翌日には消えていることもありますから、なるべく作業する直前に図案を写しましょう。
また、消してすぐにアイロンをかけると、線が復活してしまうことも。アイロンはしばらくしてからかけましょう。いずれにしても事前に布の端で試してから使いましょう。

その他の方法

1. 直接写す

白っぽい布は窓ガラスに図案を貼り、その上に布を重ねて直接ペンでなぞって写せる。ペンは水や熱であとから消せるタイプを使う。自然に消えるタイプは、すぐに消えてしまうこともあるので注意が必要。

2. シートと一緒に縫う

印がつけにくい布、枠にはめられない小さなものに刺すときに向いている

●薄い紙に図案を写し、布の上に置いて紙ごと刺しゅうをする。刺し終わったら紙を破いて取り除く。針目の中に細かく残った紙片はピンセットなどで取る。線のステッチだと紙を取り除きやすい。

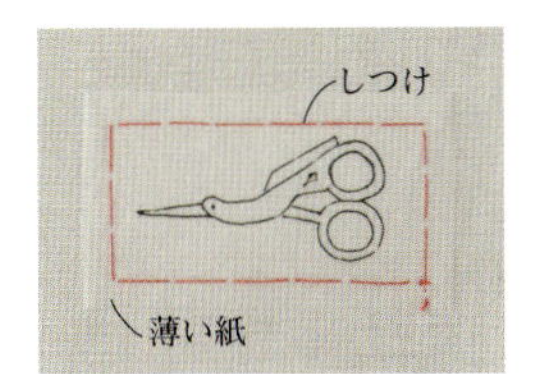

図案を写した薄い紙を布にしつけ糸でとめる。

刺しゅうをしたら、しつけ糸を抜いて紙を取り除く。

●スマートプリント(水で溶けるシールタイプの半透明シート)に細い水性ペンで図案を写し、シールをはがしてシートを布に貼る。図案に沿って刺しゅうをし、刺し終わったらぬるま湯につけて、シートを溶かして取り除く。水に濡らしてよい布向き。

3. 点で写す

紙やステンシルシートに図案を写して穴を開け、パウダーをすり込む方法。たくさん同じものを写すときに便利。

胡粉(ごふん)、チャコの粉やおしろいなど

ステンシルシートや厚手のトレーシングペーパーに図案を写し、穴を開ける。布にシートを置き、パフやフェルトを丸めたもので粉をトントンとつける。

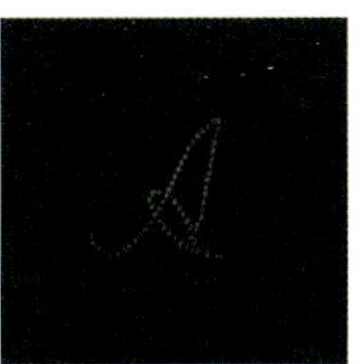
シートをはずし、当て布をしてアイロンをかける。布に図案が写っている。

§6 刺しゅう糸の取り扱い方

25番刺しゅう糸

1．引き出し方

● 基本の引き出し方

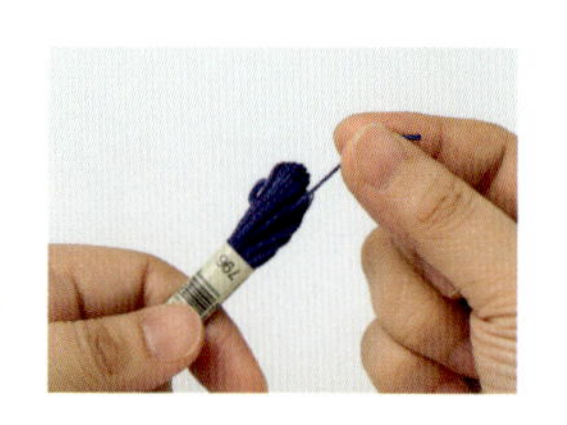

束の内側から出ている糸端をしずかに引き出す。スムーズに引き出せるのが30cmくらいなので、それを2回くり返し、40～60cmで糸を切る。長すぎる糸は、からまりの原因になるほか、何度も糸が布を通ることで磨耗しツヤがなくなるので、一度に使う糸は40～60cm程度にする。

2．「～本どり」の取り分け方

良い例1

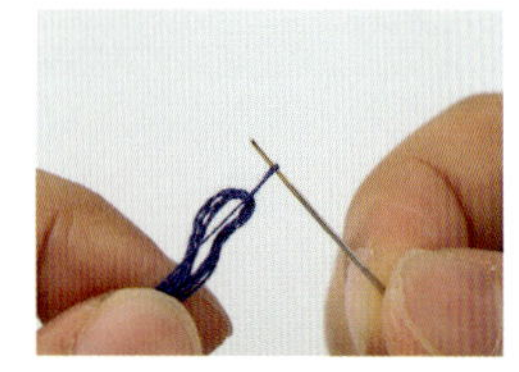

6本どりになっているので、針の頭を使って1本ずつ引き出す。

良い例2

糸端から1本ずつ引き出す。

糸端をそろえて整える。6本どりでも1本ずつ引き出して引きそろえる。

悪い例

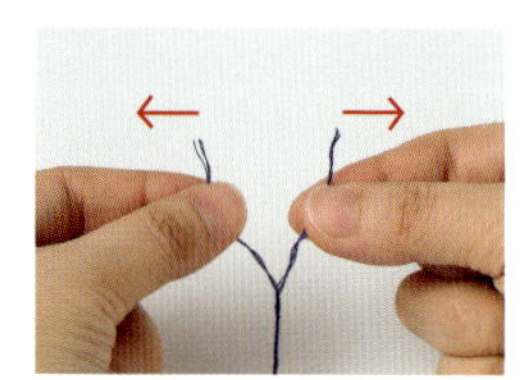

割くように取り分けるのはよくない。

刺しゅう糸がスルスルと引き出せないときがあります……。いい方法はないですか？

A 刺したいときに糸がスムーズに準備できないとストレスですね。最初にすべて引き出してしまい、三つ編みにする方法もおすすめです。刺しゅう糸を最初にすべて引き出し、それを12等分くらいに切り分けます。それらをまとめてゆるく三つ編みにしておくのです。このとき糸番号が書かれたラベルも一緒に通しておいてくださいね。最初にひと手間かかりますが、三つ編みしたものを19ページで紹介しているバインダーやオーガナイザーに通しておくと、作業がスムーズに進みます。

「かせ」の糸（5番刺しゅう糸など）

結び目

かせを広げて輪にし、結び目の位置で切る。そこから１本ずつ引き出して使う。

「巻き」の糸（8番、12番刺しゅう糸など）

外側の糸端を見つけて、そこから引き出す。

金糸、銀糸など

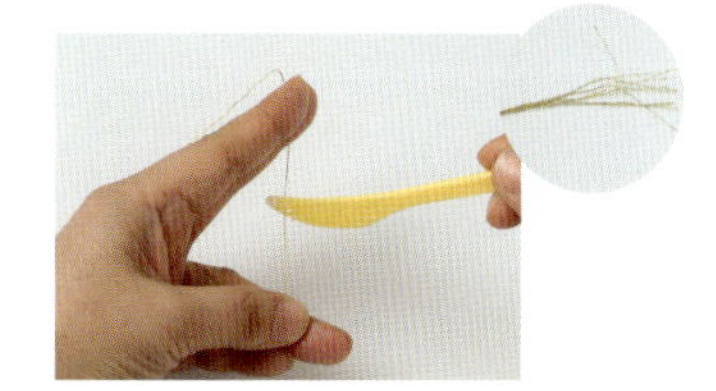

端がすぐにほどけるので、糸端になる部分にボンドなどをうすく塗り、糸を切る。

保管方法

無造作にしまっておくと、糸どうしがからまったり、糸の傷みにもつながったりするので、整理して収納しておく。

「オーガナイザー」

刺しかけの作品の糸は、穴を開けた厚紙に通しておくと便利。厚紙の端に穴を開け、糸を通す。

「桐箱」

湿度の高い日本では桐箱も適している。色が褪せないよう、ふたをして保管する。

「バインダー」

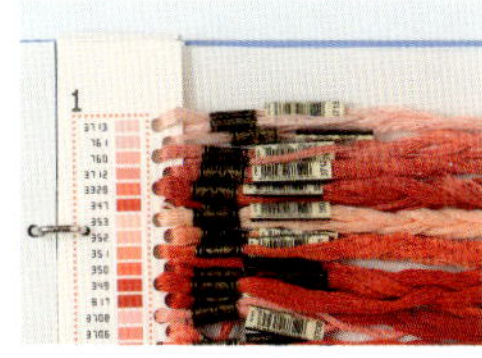

たくさん糸を持っている人は、バインダーに同系色ごとに通しておくと、欲しい糸がすぐに取り出せる。

糸のくせを取りましょう

くせがついていたりうねっていたりする糸は、刺す前に糸を弾いて、まっすぐにしておく。

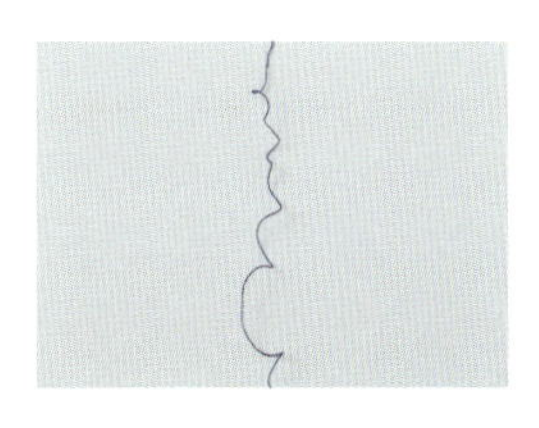

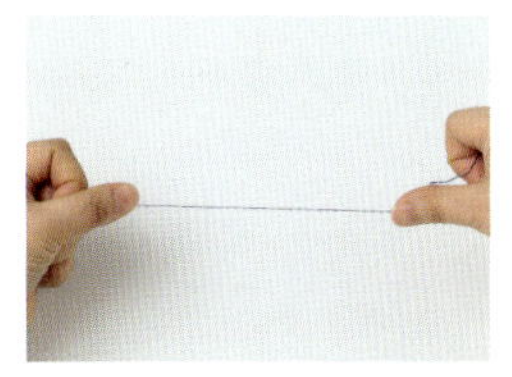

糸をのばして親指で弾く。

§7 刺しゅう糸の通し方

針に糸を通す

Ⓐ

上から見たところ

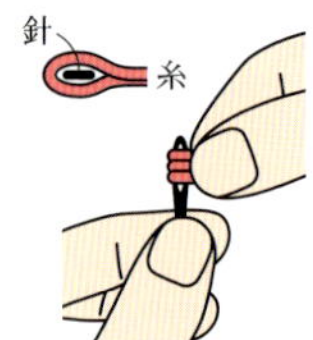

①糸を針穴の位置にかける。

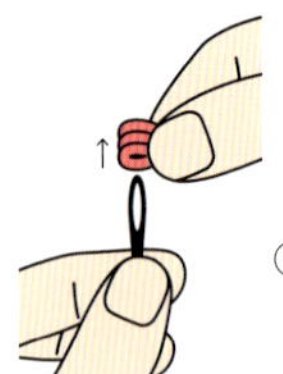

②そのまま糸を上に引っぱり、針から抜く。

上から見たところ

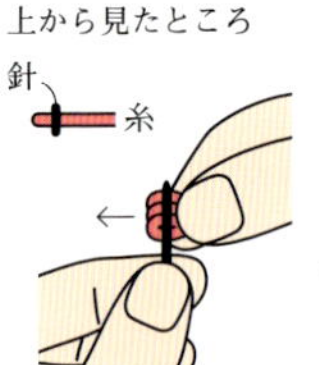

③端の輪になってつぶれた部分を、針穴に通す。

Ⓑ

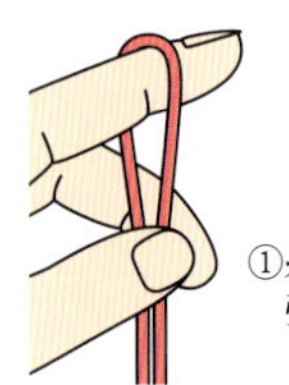

①糸をかけてピンと張る。

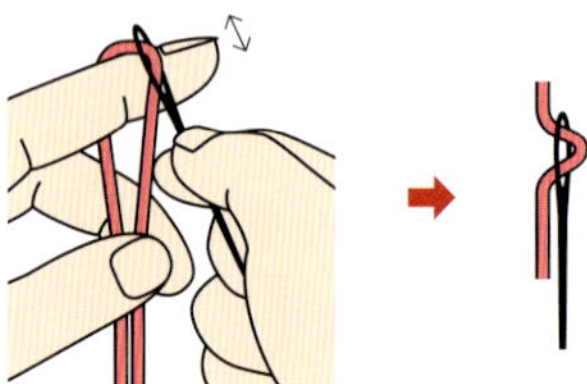

②針を押し当てて糸をゆるませながら同時に針を上下に動かすと糸が通る。

※どうしても通りにくい場合は、糸端にセロハンテープなどを貼って通すこともある。糸通しを使った通し方は15ページを参照。

糸を通しておく方法

1. 一般的な通し方

必要本数を引きそろえて通す。

2. 2本どりの際に有効な通し方

ループメソッド（p.70参照）で刺すときの通し方。1本の糸の端を「わ」にして2本どりにする。

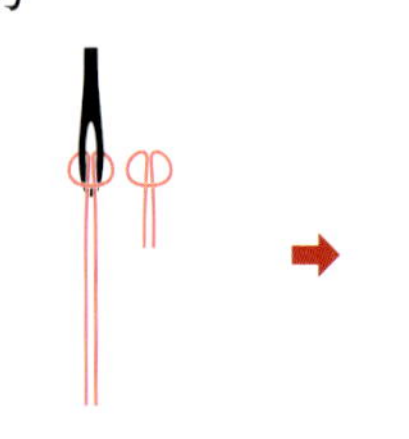

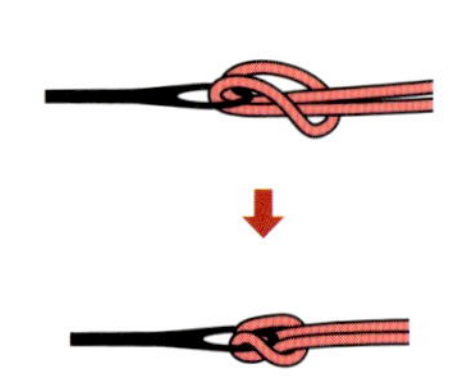

糸がよじれにくく抜けにくい通し方。布と糸によっては、通すときに抵抗がある。

玉結び

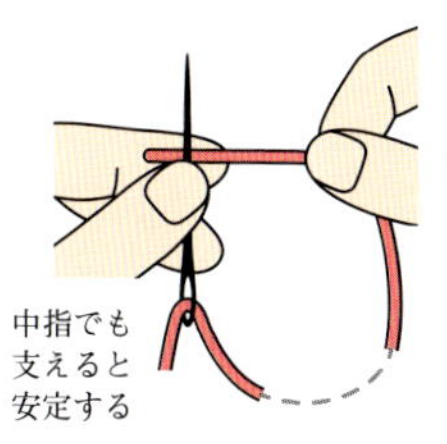

①左手の人さし指に糸→針の順に、直角に交わるようにのせる。糸と針は親指と人さし指でしっかり押さえておく。

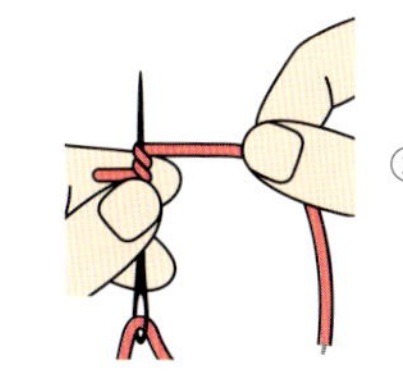

②そのまま糸をくるくるっと針に２回巻きつける。

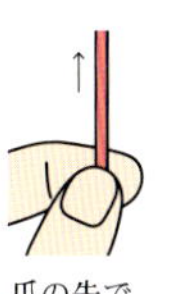

③指先で糸を巻いた部分をしっかり押さえたまま、針を抜く。

§8 刺し始めと刺し終わり

刺し始め

1．小さく返し縫いをする（アウトライン・ステッチ、バック・ステッチや面のステッチに向く）

《線のステッチ》

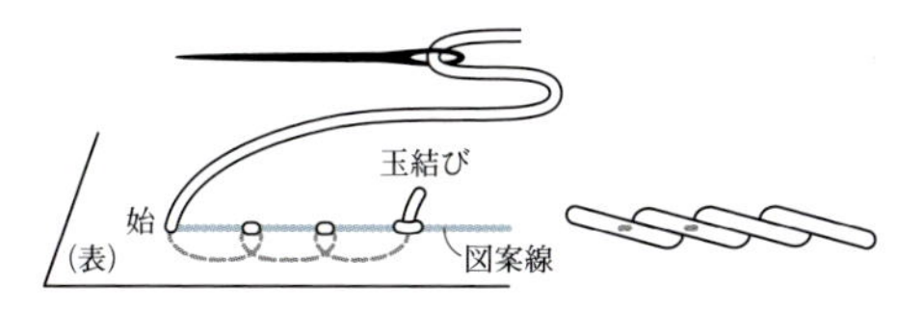

《面のステッチ》

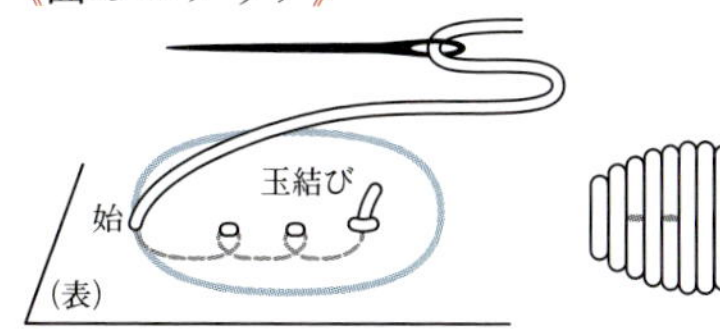

玉結びを表に出し、図案線の上に小さな返し縫いを２つする。図案の先から針を出し、返し縫いの上に刺しゅうをする。ステッチが玉結びに近づいたら結び玉を布のきわで切る。

2．残しておいた糸を裏の針目にからげる

（線のステッチやつなげるステッチに向く）

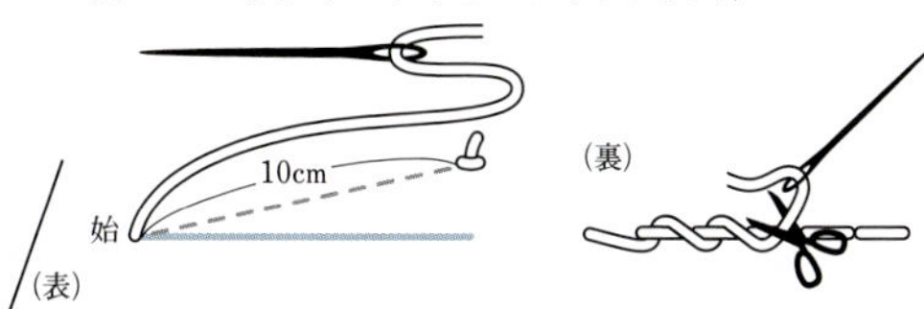

玉結びを作り、刺し始めから10cmほど離れたところに表から針を刺す。刺し始めの位置に針を出し、刺しゅうをする。刺し終わったら最初の玉結びを布のきわで切って、糸を裏で針目にからげて始末する。

3．ミシン用糸通しを使ってからげる

2．と同じだが、こちらは糸を３cmほど裏で渡しておけばよい。刺し終わったら玉結びを布のきわで切って、糸を裏でミシン用糸通しに通し、針目にからげて始末する。

刺し終わり

1．巻きつける

Ⓐ

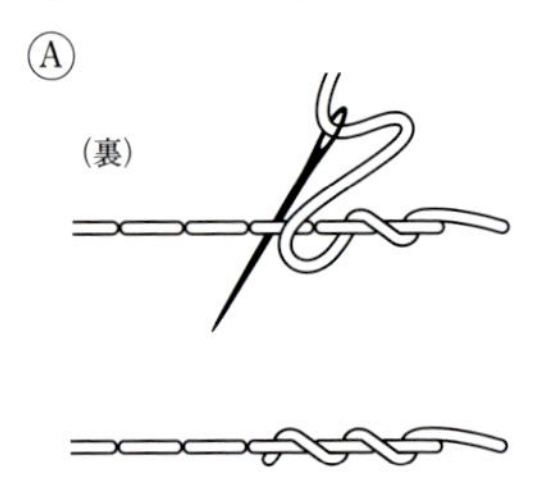

一方向に糸を針目に巻きつける方法。抜けにくい。

Ⓑ

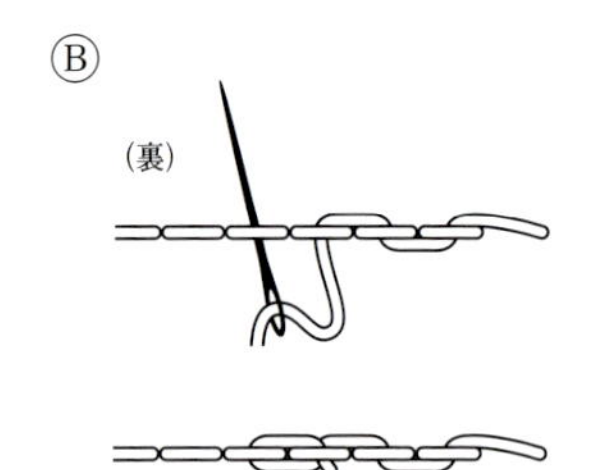

目の両側から交互に巻きつける方法。最後は１針戻してから切るとゆるみにくく、薄く仕上がる。

2．結ぶ

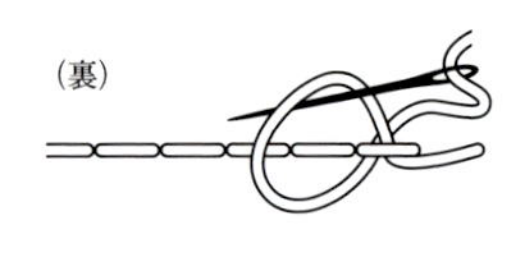

針を通して結んだ状態にする。しっかりとまる。

3．面のステッチの場合

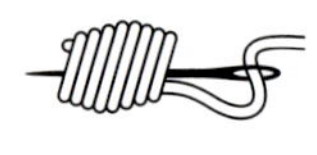

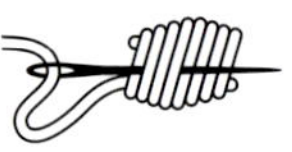

行って戻って…と針を通すと抜けにくい。

4．途中をほどいたときの始末

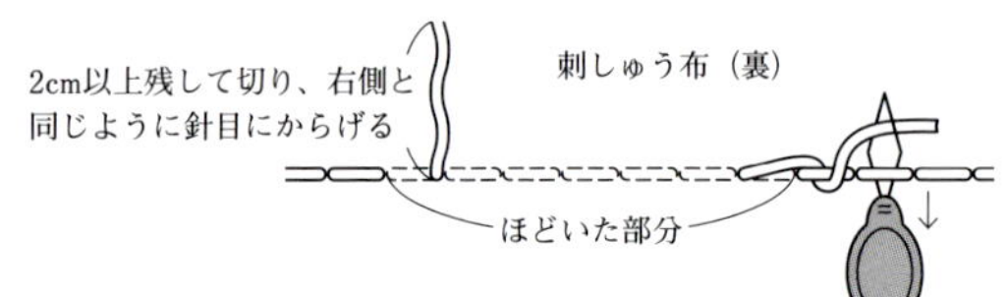

ほどいた部分の糸をミシン用の糸通しを使って裏の針目にからげる。

5．図案が離れている場合

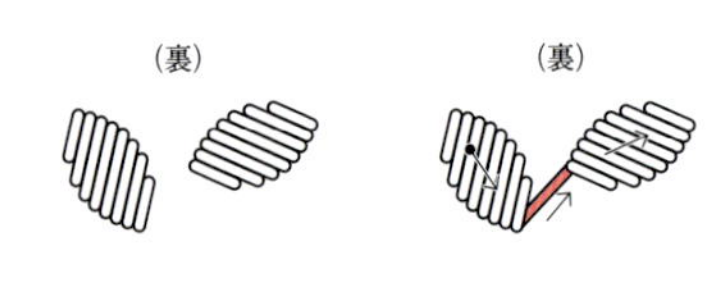

表に針目が透けないよう、それぞれのエリアで始末する(左)。裏を渡る糸が表に透けない範囲なら、続けて刺して糸始末してよい(右)。

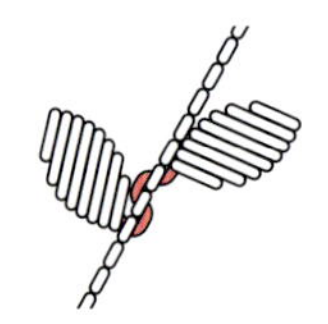

間をつなぐ図案があれば、裏でからげたり、通したりしながら移動する。

※刺しゅう糸が毛羽立ったり、細く痩せてきたり、傷んできたりしたら、もったいながらずに、新しい糸に替えましょう。

§9 仕上げの方法

印を消す

水で消える複写紙の印は、霧吹きなどで水をかけて消す。細かい部分は水筆で消すとよい。消す前にアイロンをかけると、印が布に定着してしまうことがあるので(p.16 参照)気をつける。

アイロンをかける

1．洗わないでアイロンをかける場合

布の裏から霧を吹いて、刺しゅう部分をつぶさないように軽くかける。

2．洗う場合

枠を使わずに刺した場合は、見えない手の汗や汚れがあとからしみになることもあるので、アイロンをかける前に洗っておく。洗う手順は以下の通り。

①ぬるま湯におしゃれ着用洗剤を加えて、よく溶かす。
②押し洗いをする。もんだりこすったりしないこと。
③すすいだら、タオルにはさんで押さえて脱水する。
④平らにして日陰で干し、半乾きの状態でアイロンをかける。
⑤アイロン台の上に厚手のバスタオルなどを置いて作品（裏を上にする）を重ね、布の素材に適した温度でアイロンをかける。アイロンは布目の縦方向に滑らせる。横方向に強くかけると布が伸びることがある。

作品（裏）
※必要に応じて当て布をする
厚手タオル
バスタオルなど
アイロン台

仕上がった作品は

●湿度が高い状態で保管するのは避け、桐の箱や桐のタンスに入れておくのがおすすめ。和紙に包んだり、除湿剤を入れたジッパーつきの袋に入れたりして、湿気の少ない場所に置くのも効果的。
●パネル仕立てにしたものを飾るときは、キッチンなど汚れやすいところは避ける。また日の当たる場所は色が褪せるので、UVカットのガラスやアクリル板をはめて額装すると安心。

教えて、安田先生！
Q&A

裏が玉どめと玉結びだらけで美しくありません……。

A 刺しゅうでは、縫い物のように裏で玉結びをして始め、玉どめをして終えるということはほとんどありません。21、22ページで解説したように始末しましょう。適切に糸始末ができた作品は写真のように裏もすっきりと仕上がります。「裏はどうでもいい」などと思わずに刺してみてください。表裏とも美しく仕上がることでしょう。

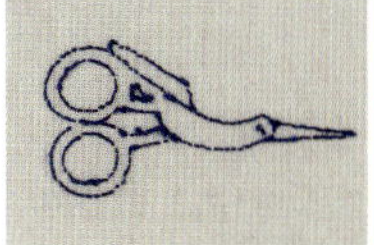

自由刺しゅうのステッチ17

自由刺しゅうでよく使われる17のステッチです。針の出し入れの順番だけでなく、こういうところに気をつけるときれいに刺せる、というポイントもご紹介しているので、参考にしてください。

§1 線のステッチ

● アウトライン・ステッチ outline stitch

◆もっとも基本的でしばしば使われるステッチ　◆左から右に刺す

○ 基本の刺し方

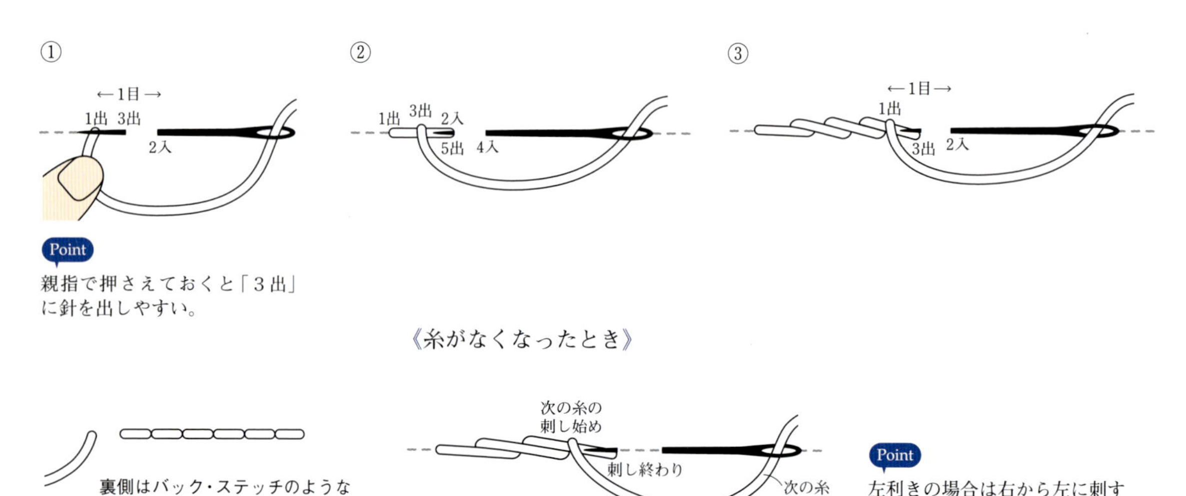

《幅広の線にしたいとき》

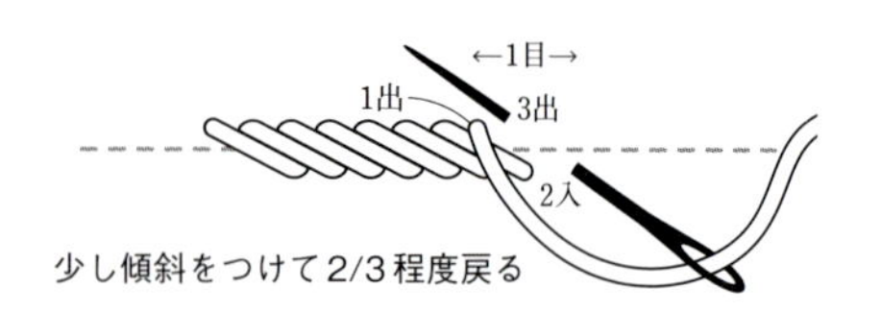

少し傾斜をつけて2/3程度戻る

《細い線にしたいとき》

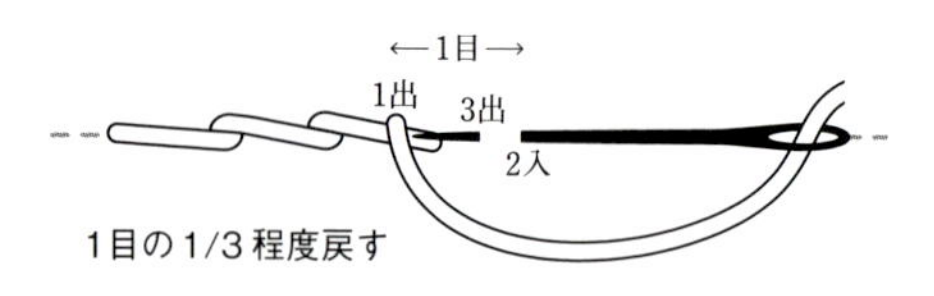

1目の1/3程度戻す

○ アウトライン・ステッチをうまく刺すコツ

《枝分かれするとき》

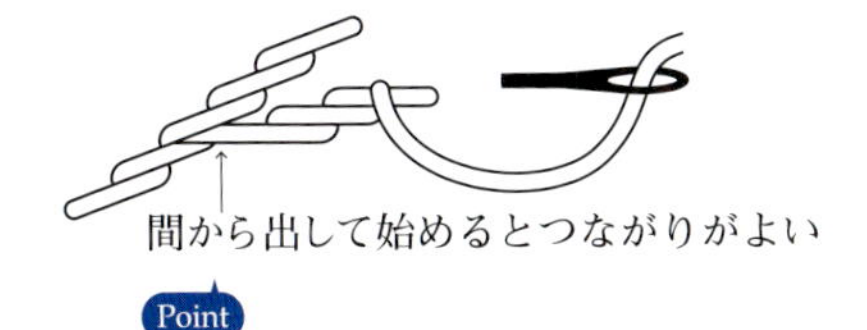

《鋭角に曲がるとき》

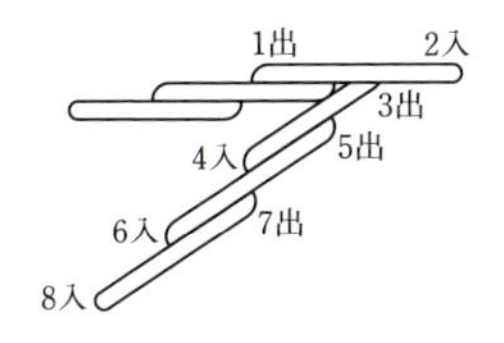

《きついカーブのとき》

よい例①

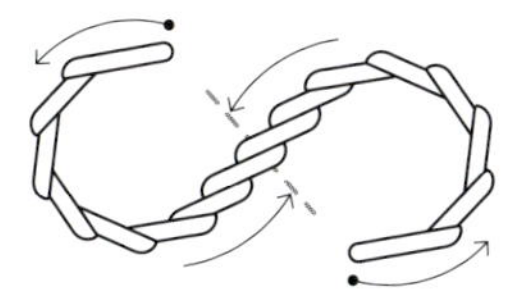

中央から分けて刺す

よい例②

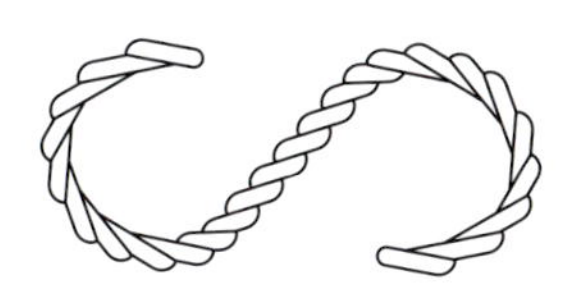

細かい針目で刺す
（どちらから刺してもよい）

よくない例

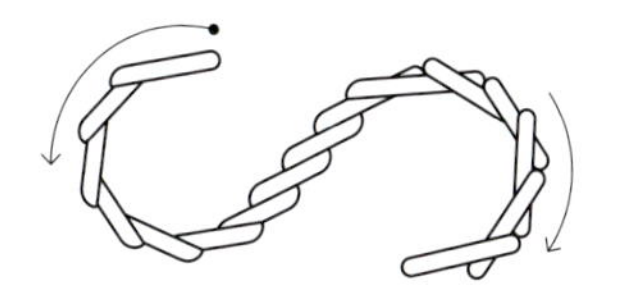

続けて刺すと
後半は針目が
きれいに並ばない

Point

カーブは刺していく方向や針目
の大きさを工夫する。

《角の曲がり方と先を細くしない止め方》

Point

「４入」で表に出すと、「５出」か
らそのまま刺し進められる。

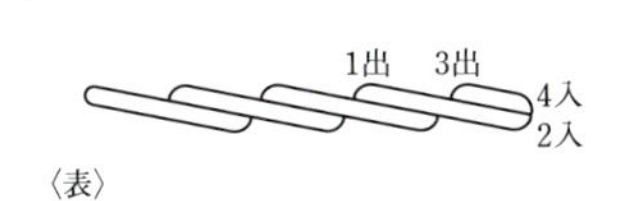

②

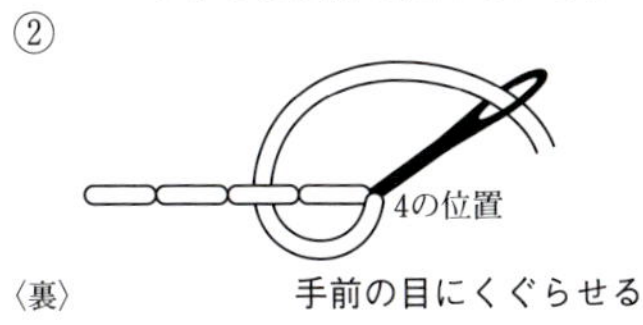

③

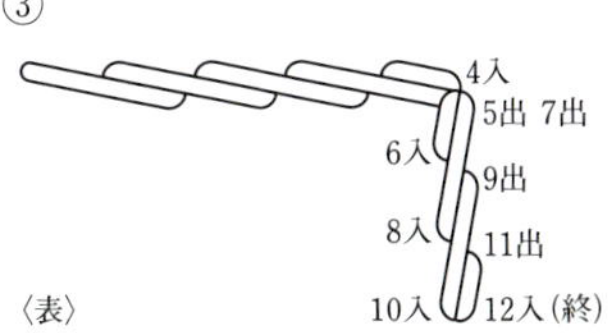

○ アウトライン・ステッチのバリエーション

【ステム・ステッチ・フィリング】

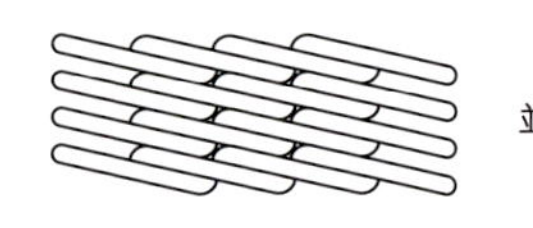

並べて刺す

【ウィップド・ステム・ステッチ】

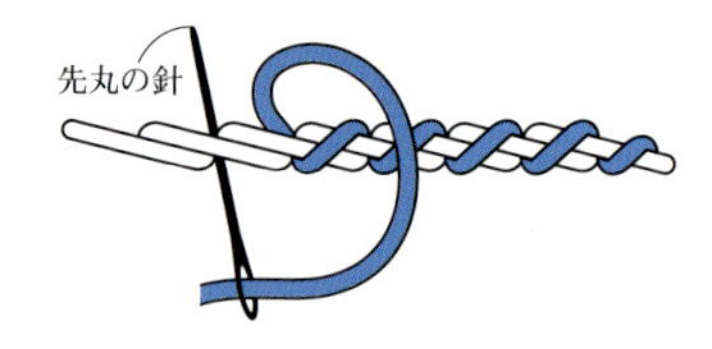

【オルタネイティング・ステム・ステッチ】

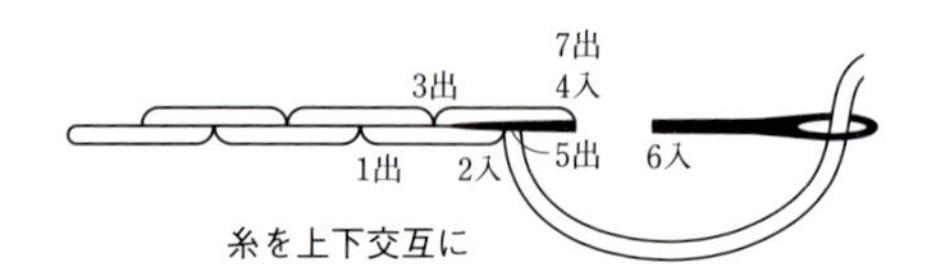

【スプリット・ステッチ】

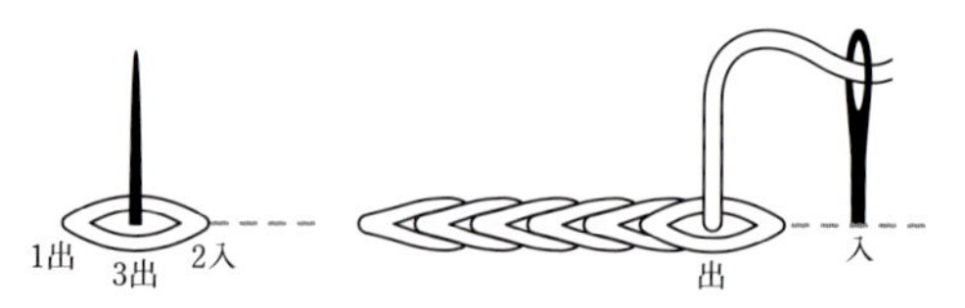

糸を割りながら刺す。
2本の糸を1本の針に通して
同様に刺すこともできる

アウトライン・ステッチにそっくりな刺し方で「ステム・ステッチ」というのを見たのですが、同じものですか?

なめらかにつながった線になる

1目、1目がはっきりする

A 日本で「アウトライン・ステッチ」と呼ばれているものは、右の写真のように右下がりの線が重なっています。これは海外では「ステム・ステッチ」と呼ばれているんですよ。海外で「アウトライン・ステッチ」と呼ばれるものは左の写真のように右上がりの線が重なっており、糸を針の上にかけながら刺すとこうなります。いずれも半目重なりながらなめらかな線を描くことに変わりありません。本書では日本で「アウトライン・ステッチ」とされている刺し方を図解しています。　※写真は5番刺しゅう糸を使用

● アウトライン・ステッチ サンプラー

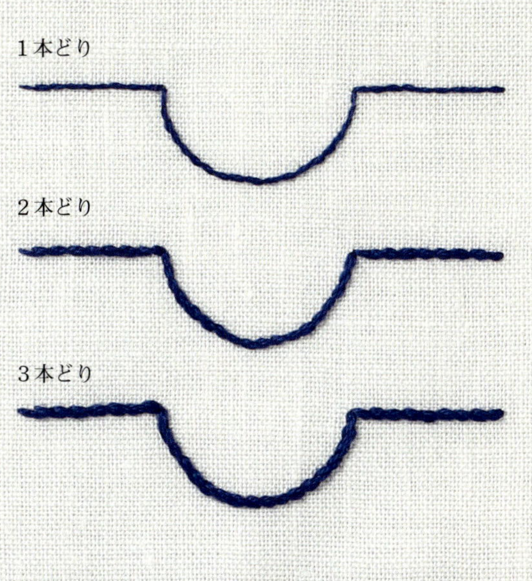

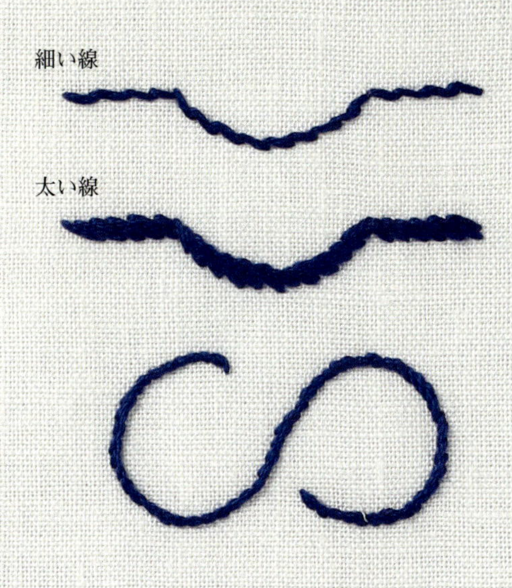

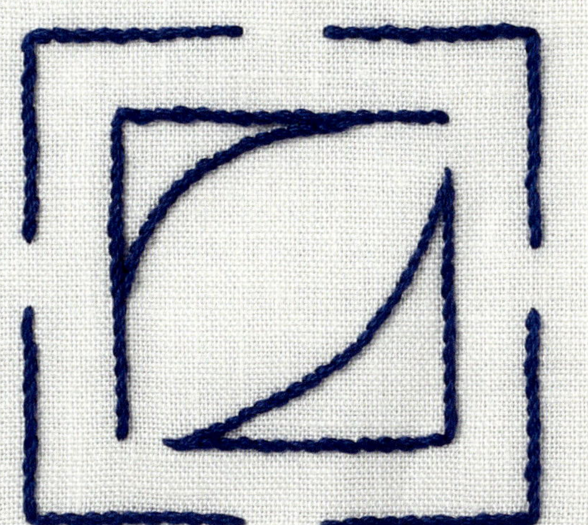

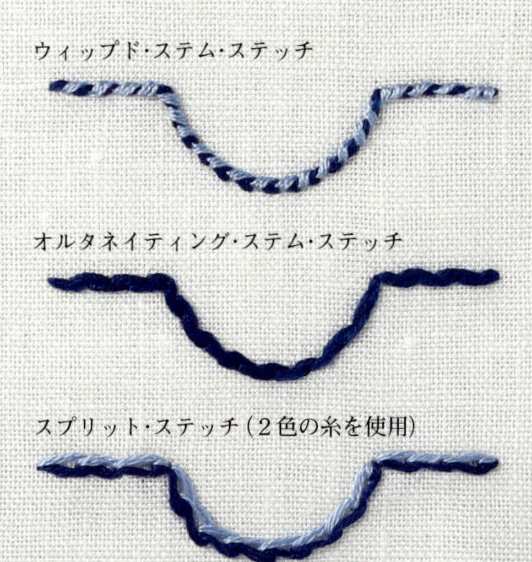

● バック・ステッチ　back stitch

◆もっとも基本的なステッチの一つ　◆「本返し縫い」と同じ針の進め方

○ 基本の刺し方

①

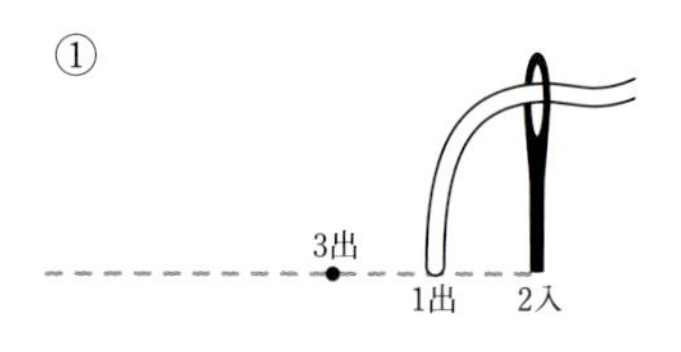

布に垂直に針を出し入れする

②

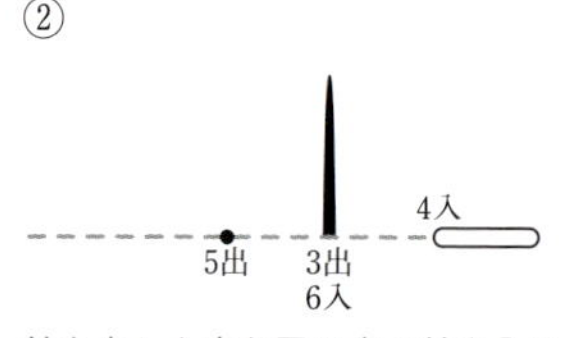

針を出した穴と同じ穴に針を入れる（1出と4入、3出と6入が同じ）

③

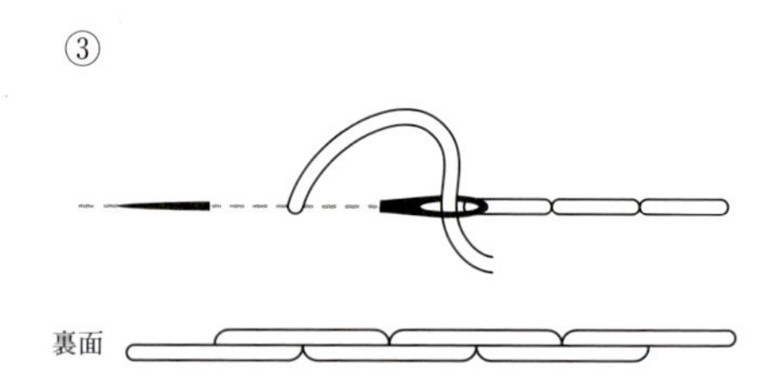

○ バック・ステッチをうまく刺すコツ

《目の大きさをそろえる》

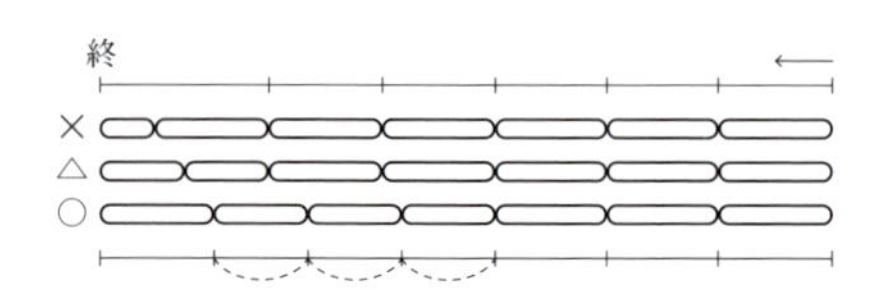

《太い糸で鋭角を刺すとき》

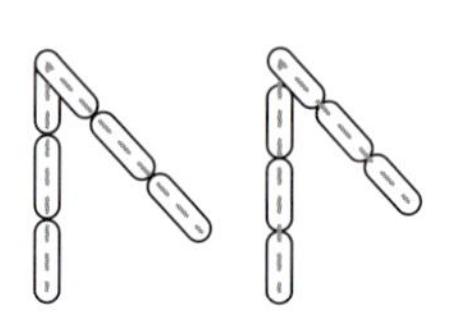

どちらでもよい

《きついカーブを刺すとき》

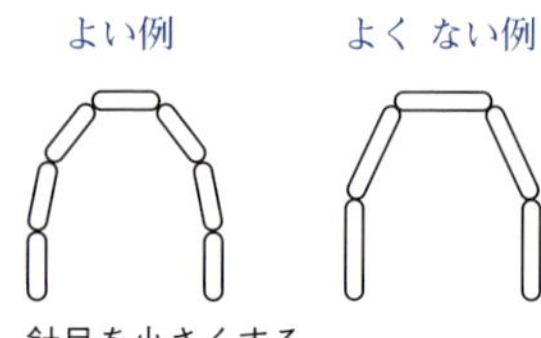

針目を小さくする

○ バック・ステッチのバリエーション

【スレッディド・バック・ステッチ】

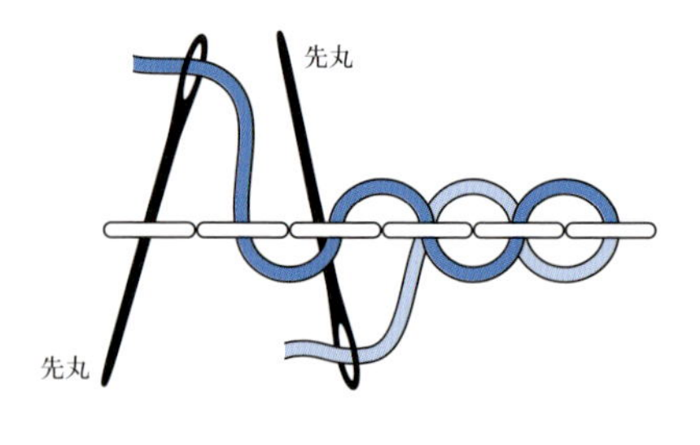

【ウィップド・バック・ステッチ】

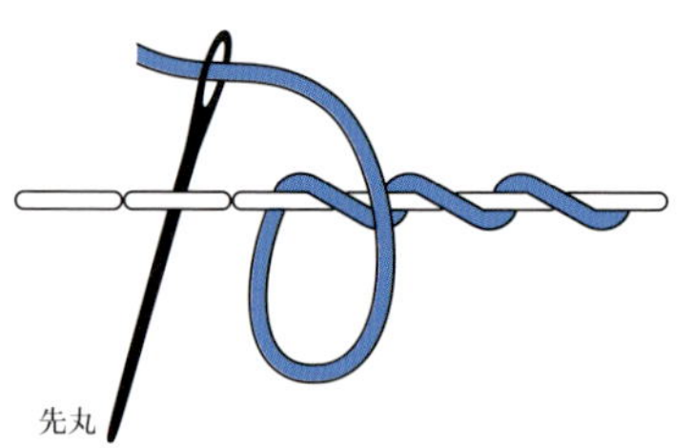

【ペキニーズ・ステッチ】

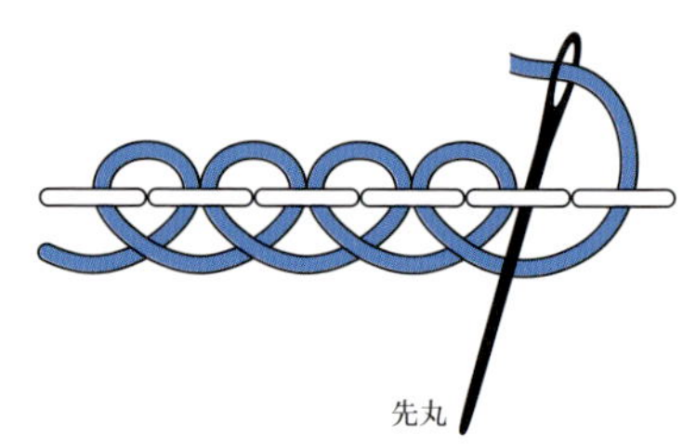

※先丸とはクロスステッチ針など先が丸い針。布に針を通さない場合は、先丸の針を使うと糸を割ることがなく、スムーズに進められる。

バック・ステッチ　サンプラー

1本どり

2本どり

3本どり

6本どり

カーブ

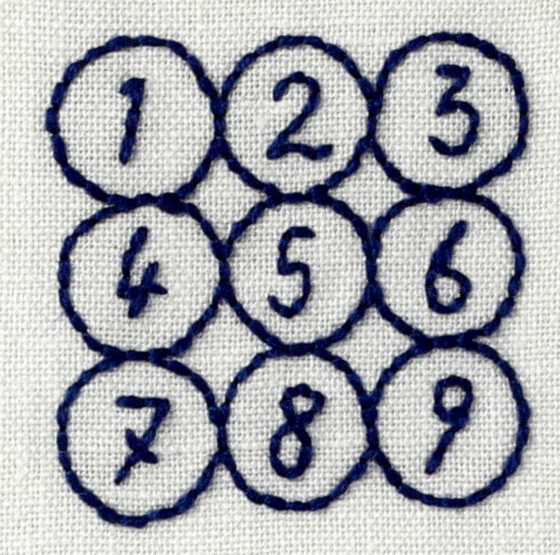

角

スレッデッド・バック・ステッチ（シングル）

スレッデッド・バック・ステッチ（ダブル）

ウィップド・バック・ステッチ

ペキニーズ・ステッチ

● コーチング couching

◆芯になる「置き糸」と、縫いとめる「とじ糸」が必要 ◆枠を使ったほうがきれいに刺せる

○ 基本の刺し方

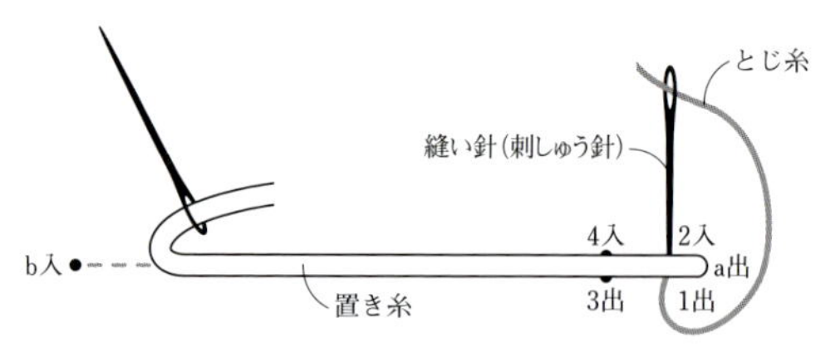

布に垂直に針を出し入れする

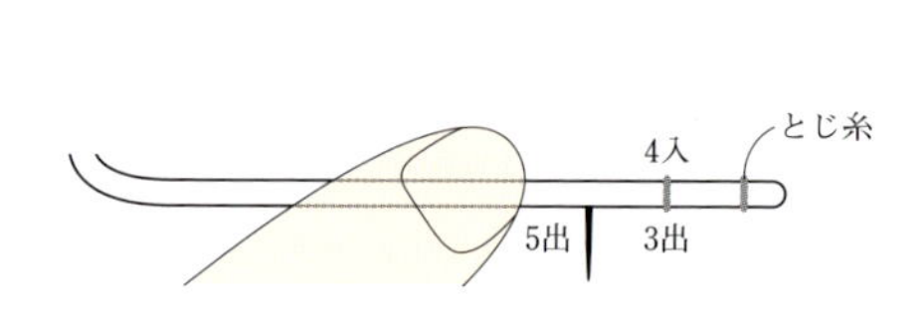

左指でとじ糸を固定しながら刺し進める

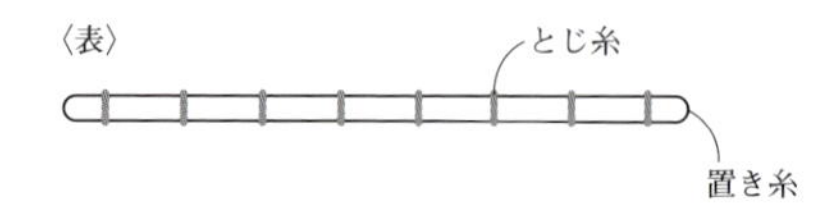

置き糸は裏に出してとじ糸でとめる

○ コーチングをうまく刺すコツ

《とじ糸は引きすぎずゆるすぎない力加減で刺す》

よい例

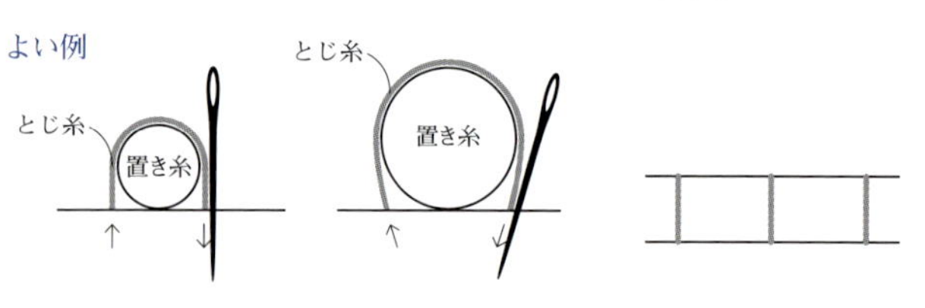

よくない例

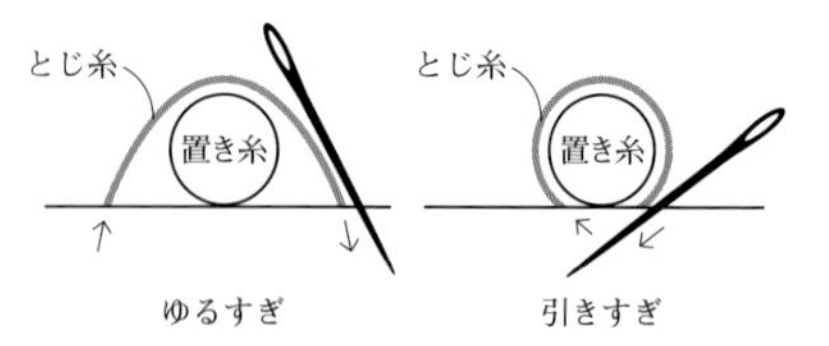

ゆるすぎ　引きすぎ

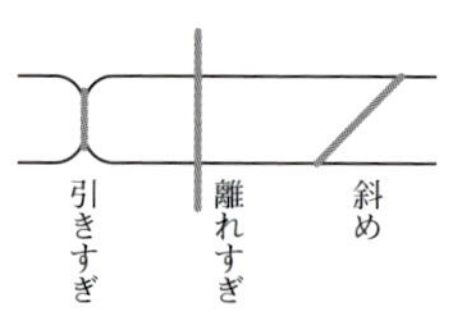

《きついカーブと角のとめ方》

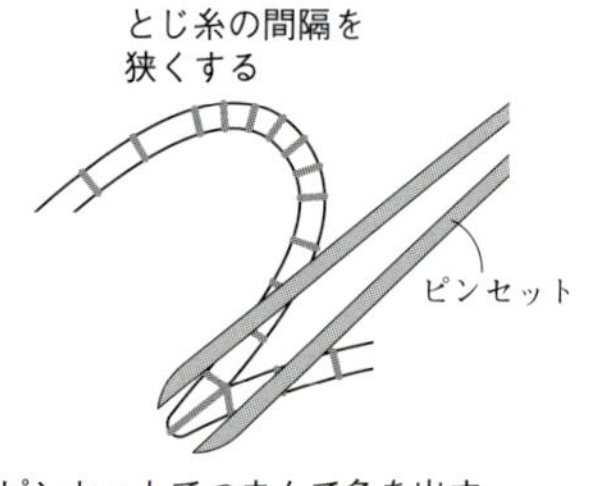

ピンセットでつまんで角を出す

角のとめ方

● コーチング　ステッチサンプラー

[置き糸]
5番
刺しゅう糸

8番
刺しゅう糸

25番
刺しゅう糸
6本どり

コード

とじ糸はすべて25番刺しゅう糸1本どり

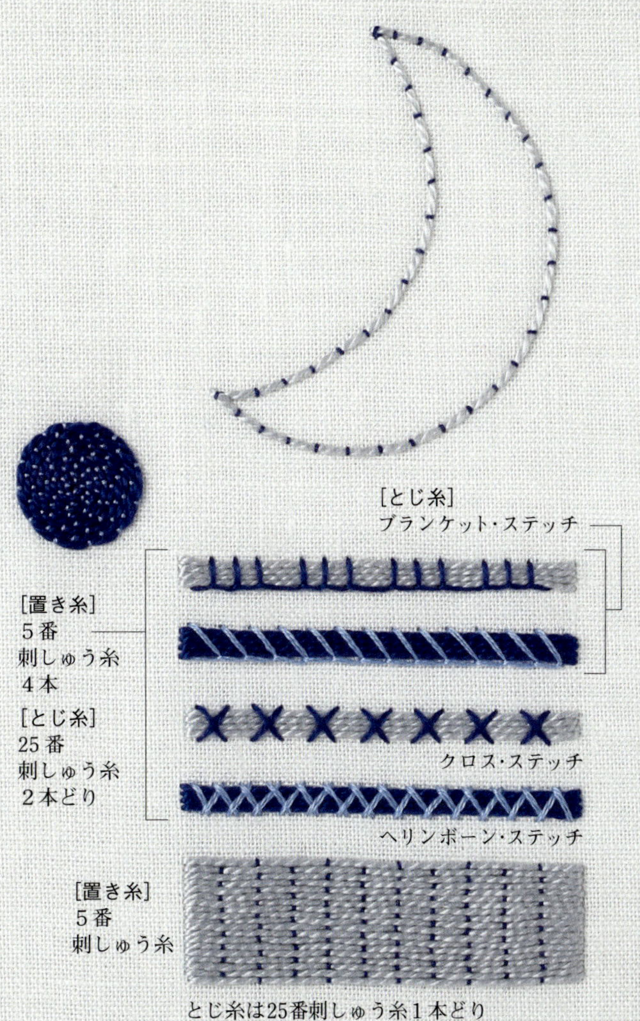

とじ糸は25番刺しゅう糸1本どり

Ⓒ ○ ☆は置き糸が5番刺しゅう糸

● チェーン・ステッチ　chain stitch

◆基本的で多く使われるステッチの一つ　◆簡単に幅のある線が描ける

○ 基本の刺し方

①　②

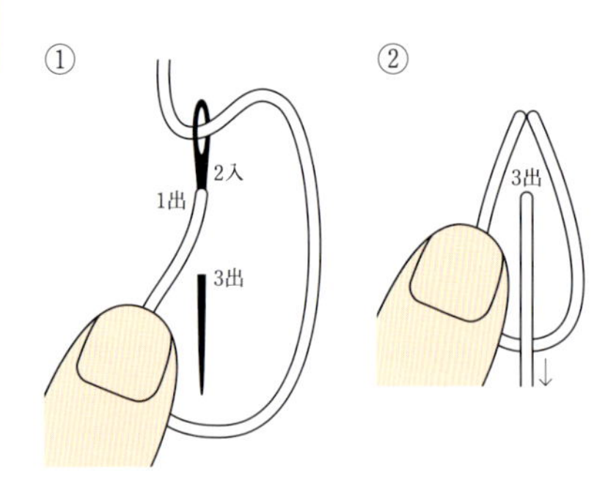

③　④

4入
5出

1目の間隔と引き加減を同じにすると、
チェーンの大きさがそろう

Point
親指で糸を押さえながら上から
下に進むと効率的。

《とめ方》

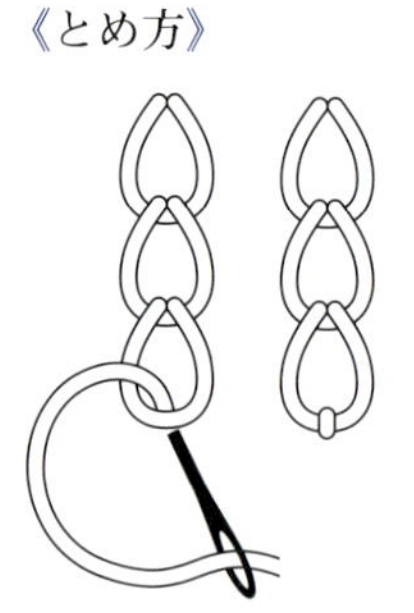

《糸がなくなったとき》

短くなった糸

新しい糸を出す位置

○ チェーン・ステッチをうまく刺すコツ

《角で向きを変えるとき》

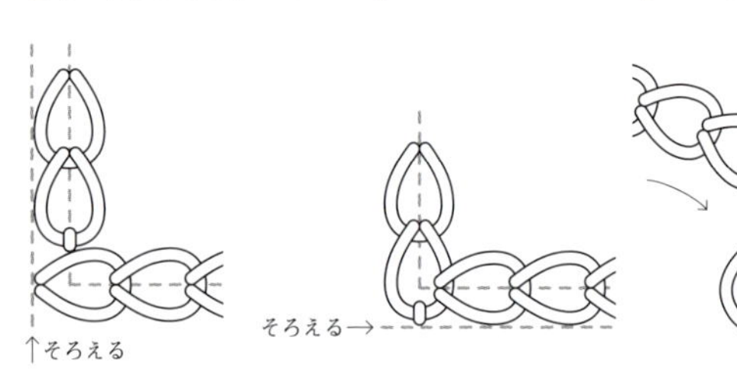

たて横のラインがそろうように刺す

Point
糸の撚りと針に糸をかける方向
により、針目がふんわりしたり
きりっとしたりする。

《つなげ方》

刺し始め

←針は頭（針穴側）からくぐらせる

○ チェーン・ステッチのバリエーション

【バック・ステッチド・チェーン・ステッチ】

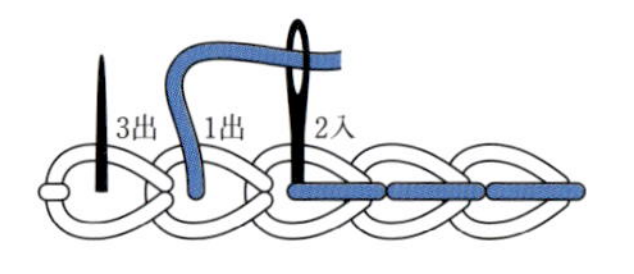

【ウィップド・チェーン・ステッチ】

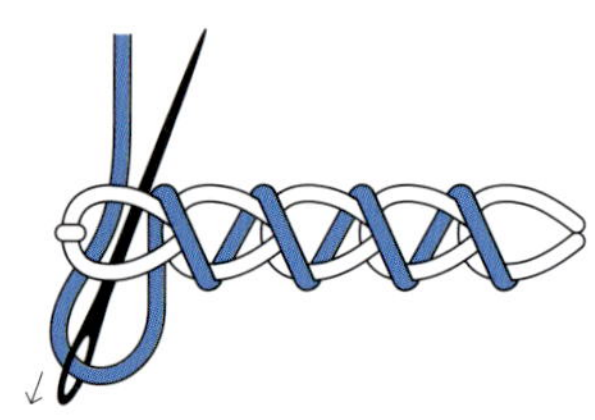

● チェーン・ステッチ　サンプラー

1本どり

2本どり

3本どり

6本どり

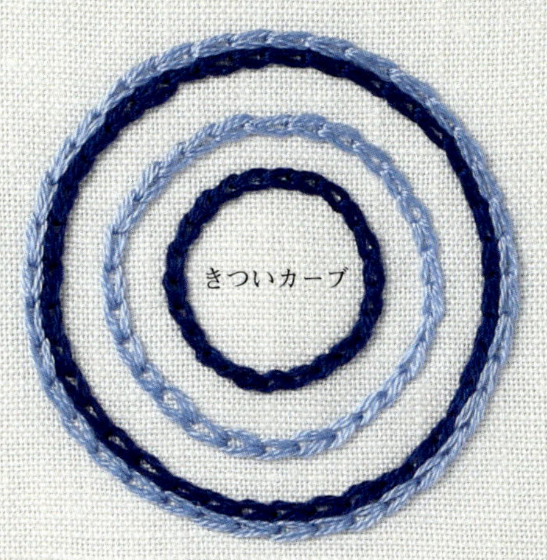

バック・ステッチド・チェーン・ステッチ（3本どり）

バック・ステッチド・チェーン・ステッチ（6本どり）

ウィップド・チェーン・ステッチ

ウィップド・チェーン・ステッチの応用

片側ずつ巻きつける

● ランニング・ステッチ running stitch

◆もっとも基本的なステッチの一つ

◆並縫いと同じ針の進め方

○ 基本の刺し方

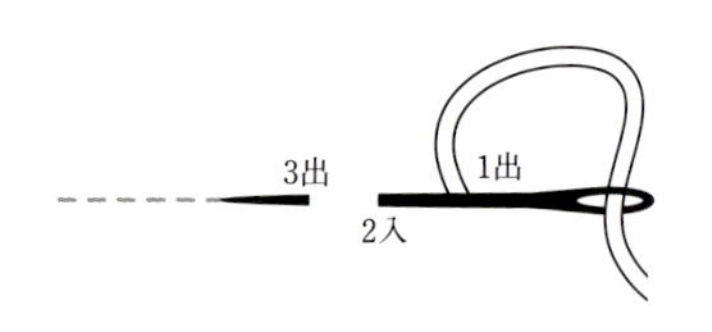

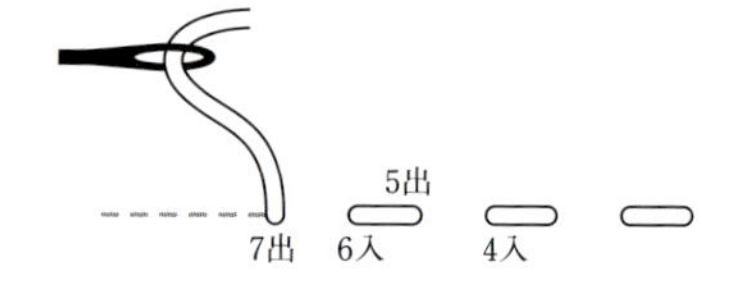

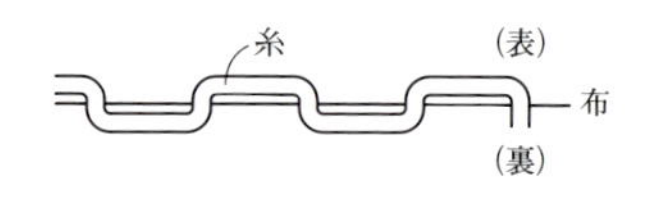

○ 角をうまく刺すコツ

よい例

よくない例

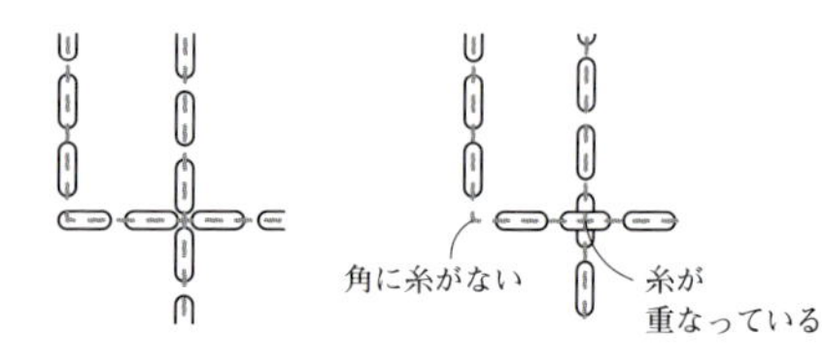

○ ランニング・ステッチのバリエーション

【ダーニング・ステッチ】

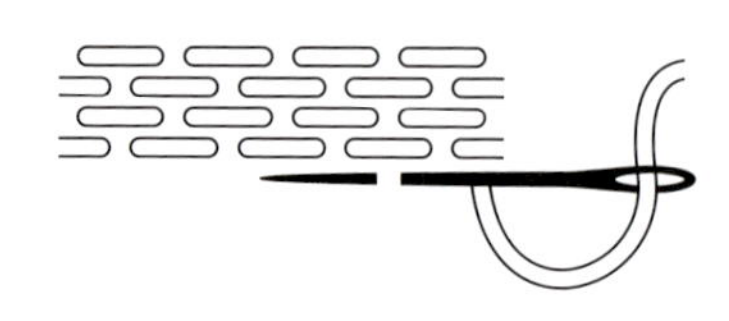

【ウィップド・ランニング・ステッチ】

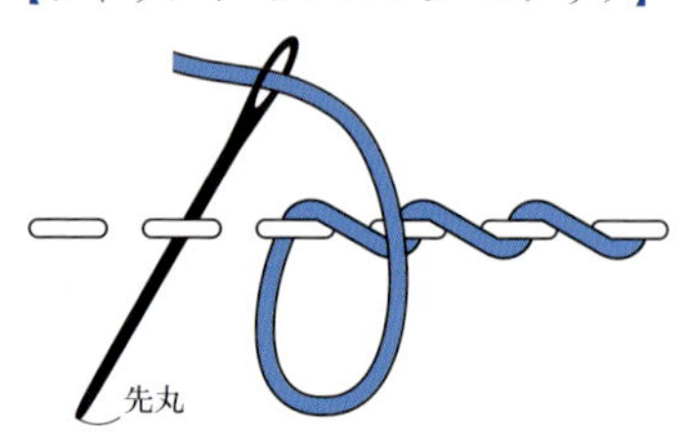

巻きつける糸は針の頭からくぐらせるか
先丸の針を使う

● ストレート・ステッチ straight stitch

◆もっとも基本的なステッチの一つ

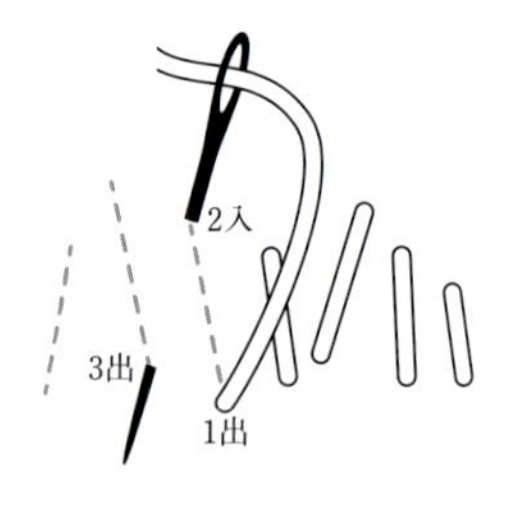

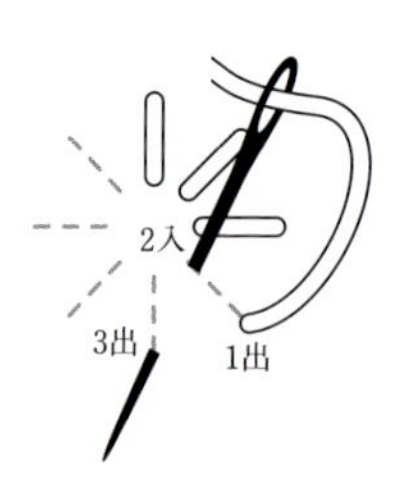

● ランニング・ステッチ & ストレート・ステッチ　サンプラー

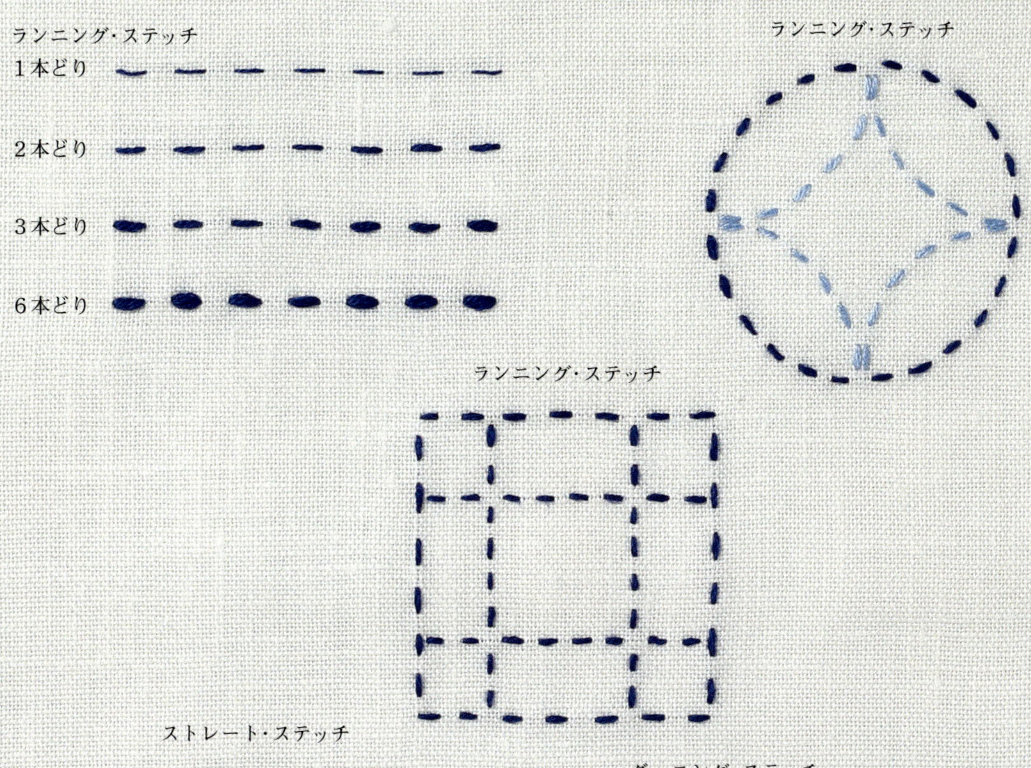

ストレート・ステッチ

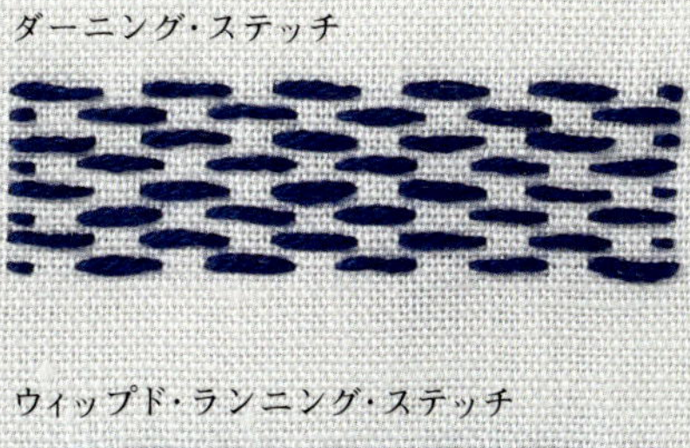

ステッチ　サンプラー

図案と刺し方　38ページ

図案と刺し方　39ページ

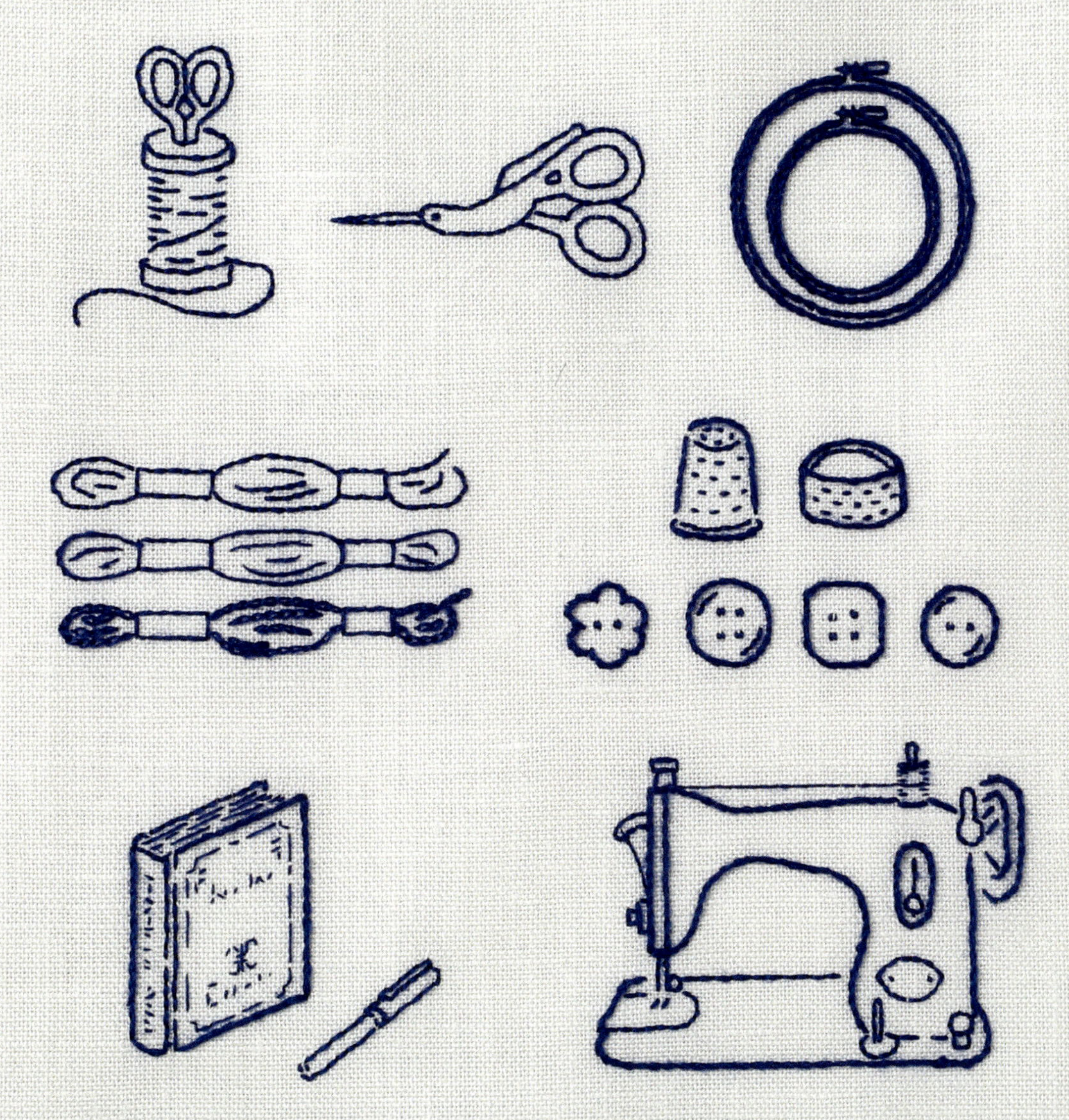

【p.36 実物大図案】

刺しゅう糸は796で１本どり
指定以外アウトライン・S

【p.37 実物大図案】

刺しゅう糸は796で指定以外2本どり
指定以外アウトライン·S

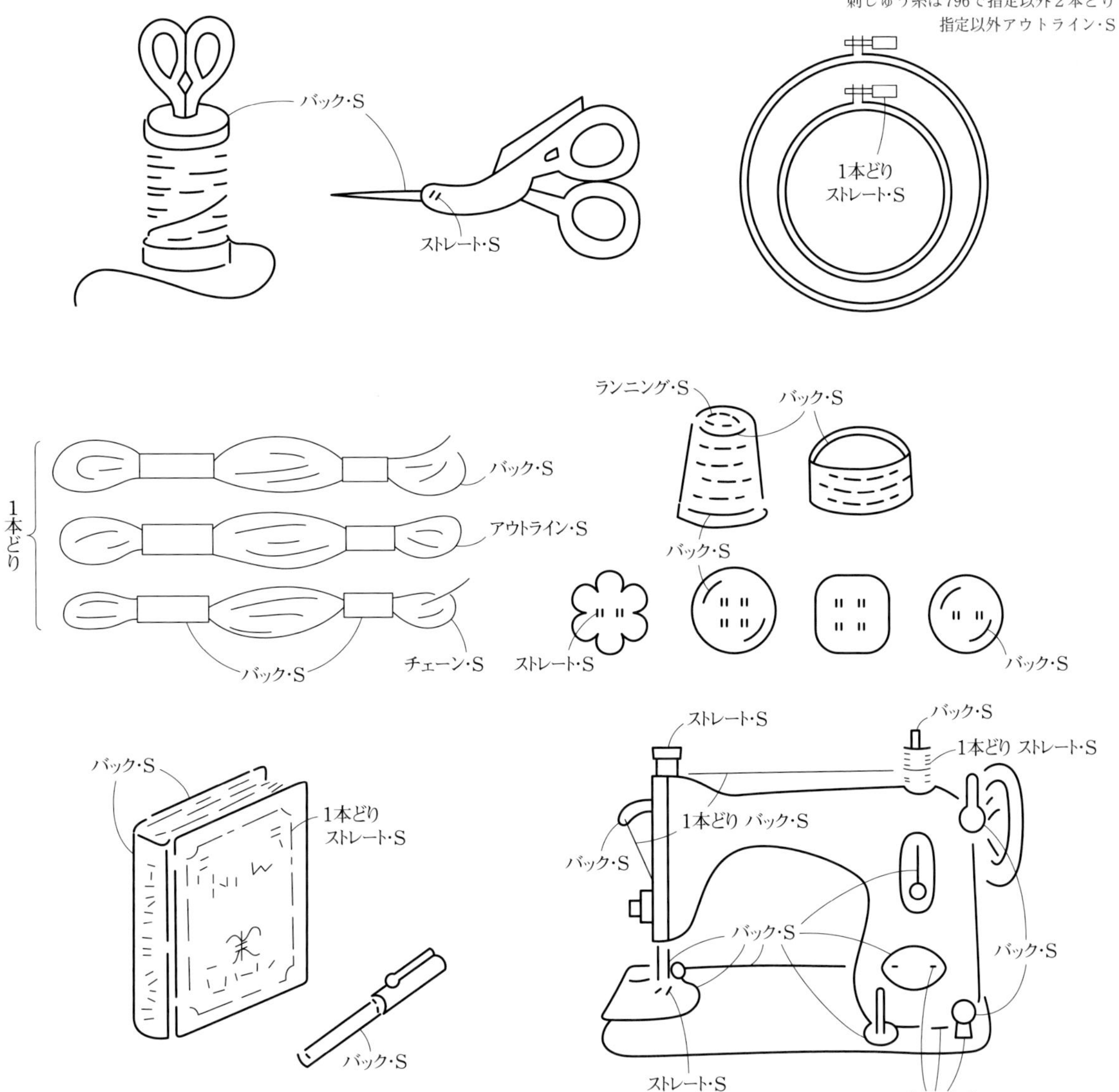

§2 面のステッチ

● サテン・ステッチ satin stitch

◆枠を使ったほうがきれいに刺せる

◆糸足が長くなる場合は、ロング・アンド・ショート・ステッチで刺す

○ 基本の刺し方

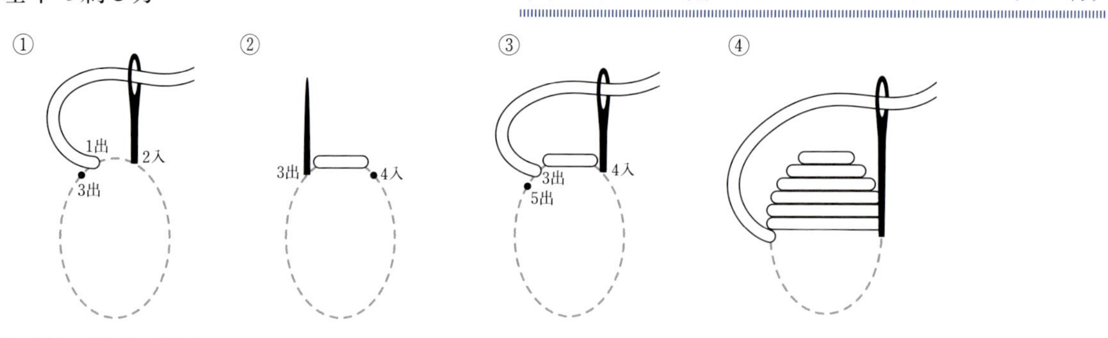

布に垂直に針を出し入れする

○ サテン・ステッチをうまく刺すコツ

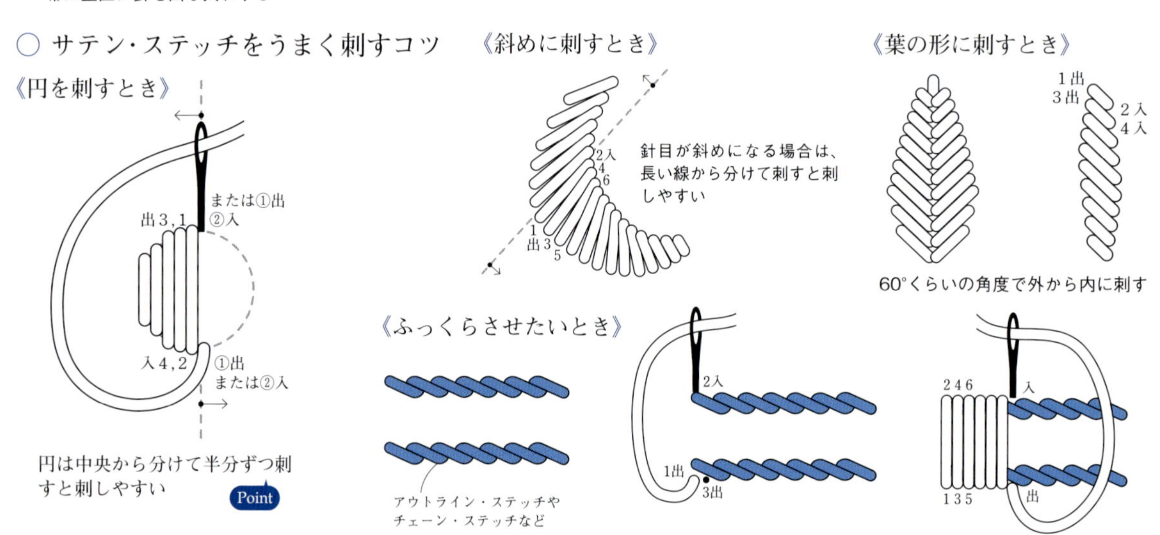

円は中央から分けて半分ずつ刺すと刺しやすい

60°くらいの角度で外から内に刺す

アウトライン・ステッチやチェーン・ステッチで下刺ししたり、フェルトを置いた上に刺したりすると、ふっくらしたステッチになる

● サテン・ステッチ　サンプラー

● ロング・アンド・ショート・ステッチ　long and short stitch

◆枠を使って、片寄らないよう全体のバランスを見ながら刺す

◆濃淡をつけるものにもよく使われる

○ 基本の刺し方

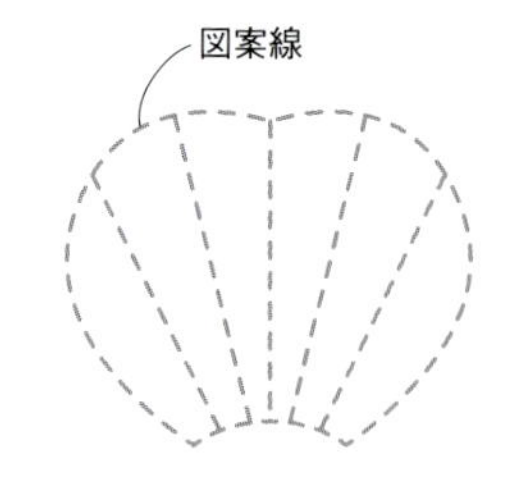

輪郭にアウトライン・ステッチを刺す
（スプリット・ステッチでもよい）

①

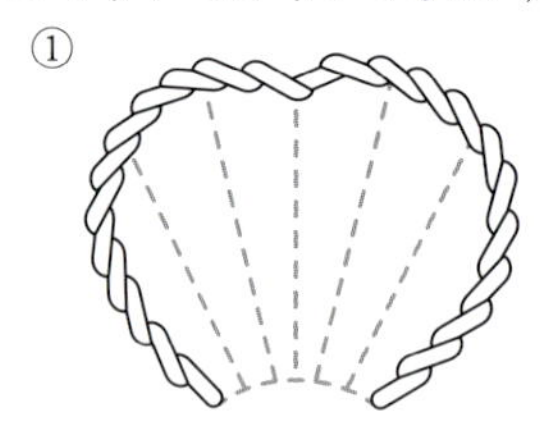

②

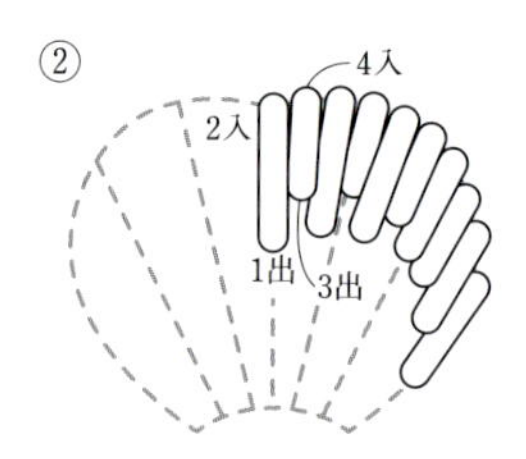

③

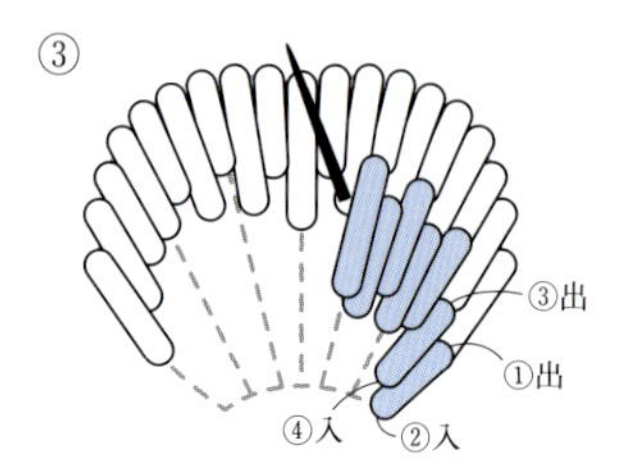

④

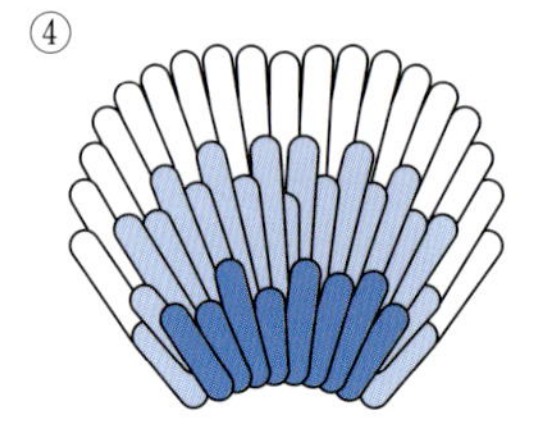

サテン・ステッチだと糸足が長くなる場合は、ロング・アンド・ショート・ステッチにする。

○ ２段めからの糸の重ね方

《並べて刺す》

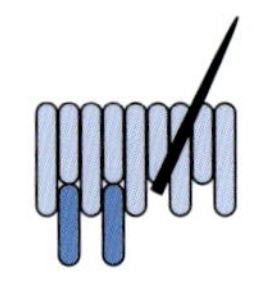

境目がはっきりする

《糸を割って刺す》

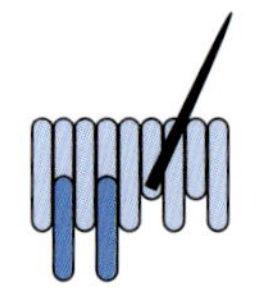

ぼかし効果がある

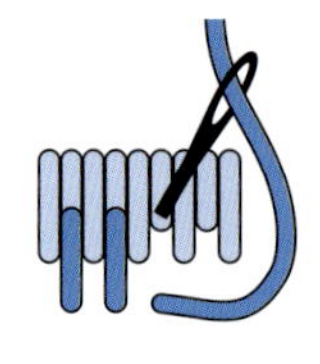

針目がはっきりする

《糸と糸の間に刺す》

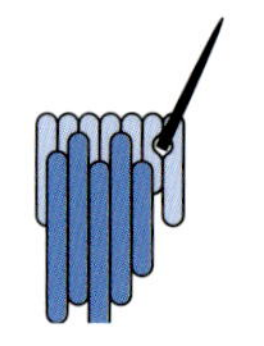

ぼやけて自然な感じになる

●ロング・アンド・ショート・ステッチ　サンプラー

輪郭に
スプリット・ステッチ

1段め

2段め

ロング・アンド・ショート・ステッチの完成

輪郭に
スプリット・ステッチ

1段め

2段め

● フィッシュボーン・ステッチ　fishbone stitch

◆葉の図案によく使われる　◆枠を使うときれいに刺せる

○ 基本の刺し方

①

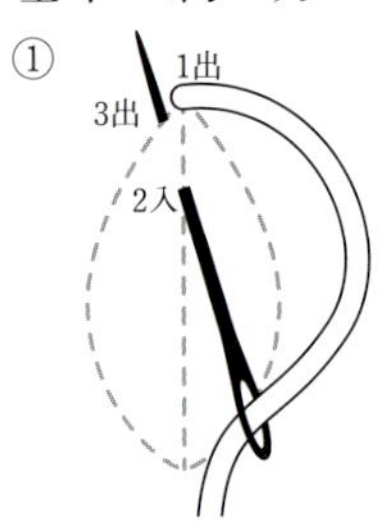

②

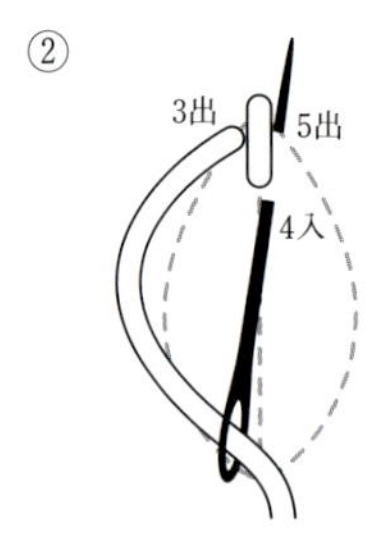

③

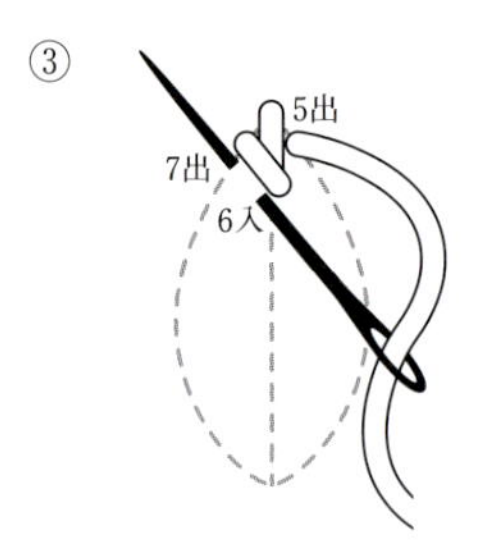

④

最初にひと針たてに刺し、その後斜めのストレート・ステッチを交互に刺していく

○ カーブの刺し方

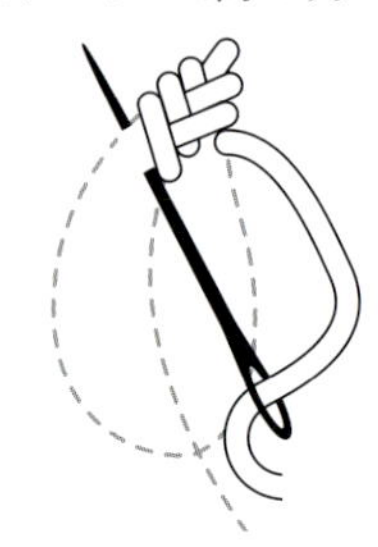

○ フィッシュボーン・ステッチのバリエーション

【レイズド・フィッシュボーン・ステッチ】

①

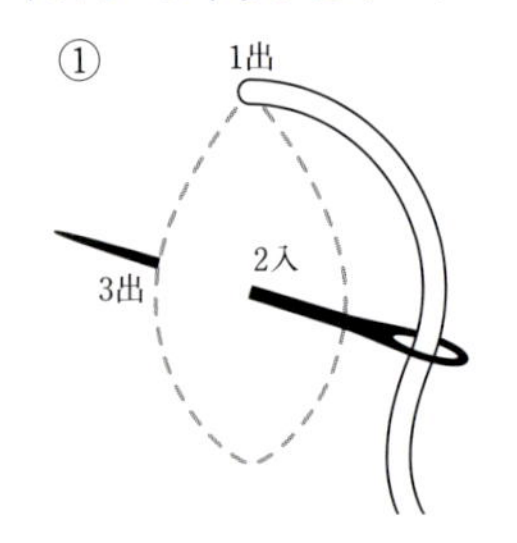

②

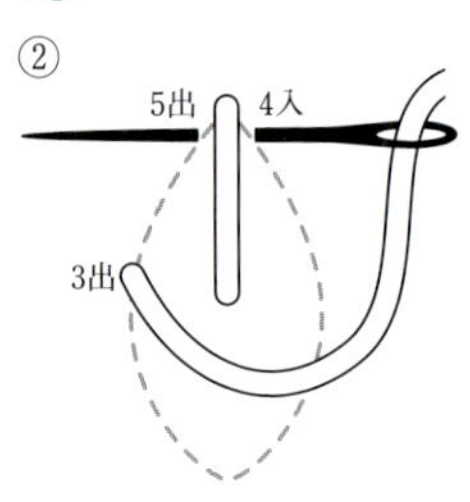

③

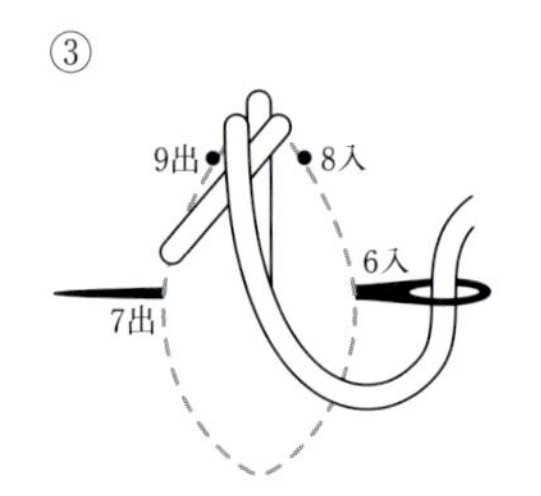

④

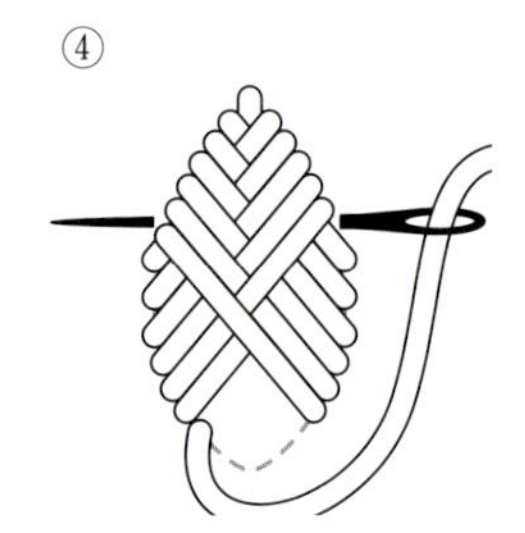

少しふくらんだ仕上がりになる

●フィッシュボーン・ステッチ　サンプラー

レイズド・フィッシュボーン・ステッチ

§3 ワンポイントのステッチ

● フレンチ・ノット　french knot

◆刺しゅう枠を置いて刺すと刺しやすい

◆布目が粗いとノットが抜けやすいので気をつける

○ 基本の刺し方

《2回巻き》

①

少し離れたところで巻く

Point

1出

右手で針を固定し、左手で針に糸を巻く

②

2に刺してから
左手の糸を引くと
ノットが1に近づく

2入

1出

1出のすぐ上に針を入れ、左手の糸を引いてノットを布のきわに寄せる

③

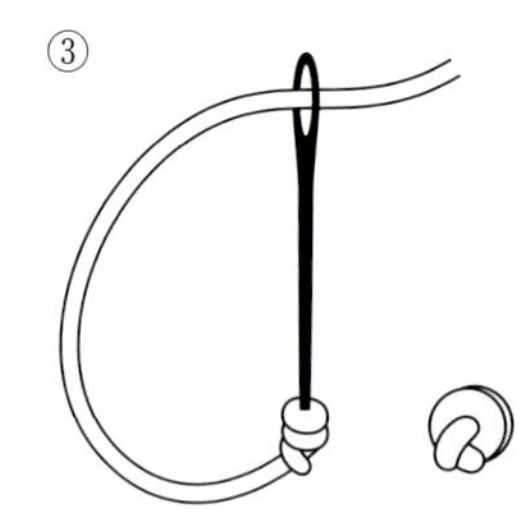

針をゆっくり下に引き抜く

《1回巻き》

①

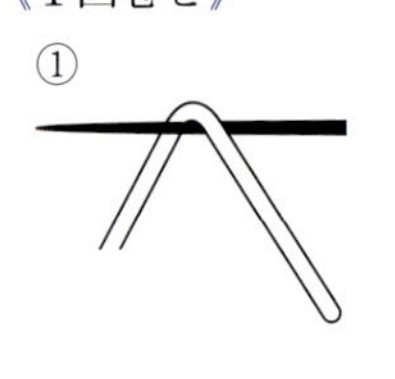

②

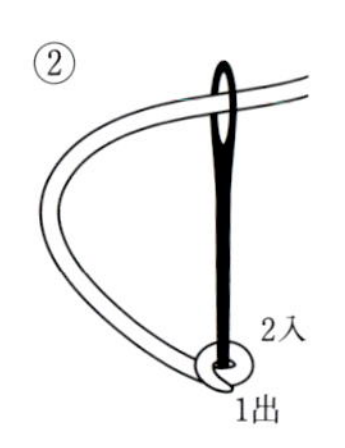

Point

3回以上巻くと形が崩れやすいので、
大きなノットを作りたいときは糸の本数をふやすことで調整する。
針の太さでも大きさが変わる。

○ フレンチ・ノットのバリエーション

【ピスティル・ステッチ】

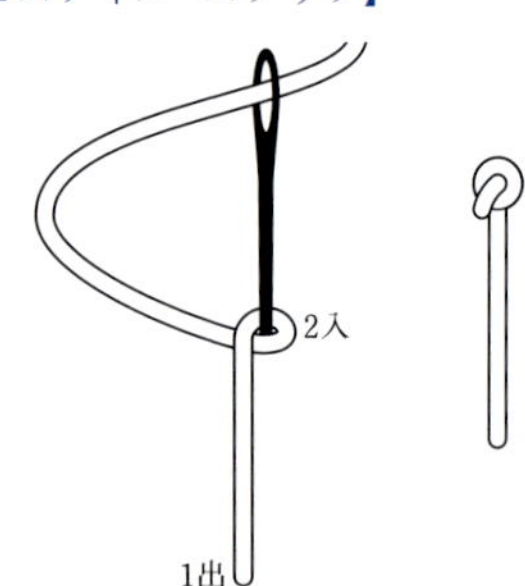

【ストレート・ステッチ＋フレンチ・ノット】

①

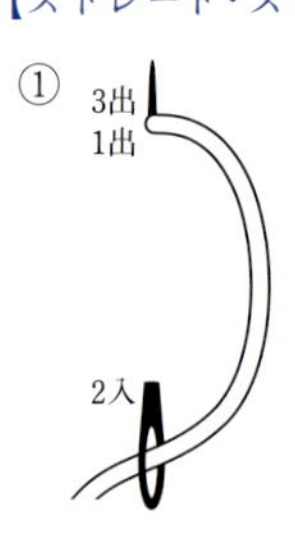

②

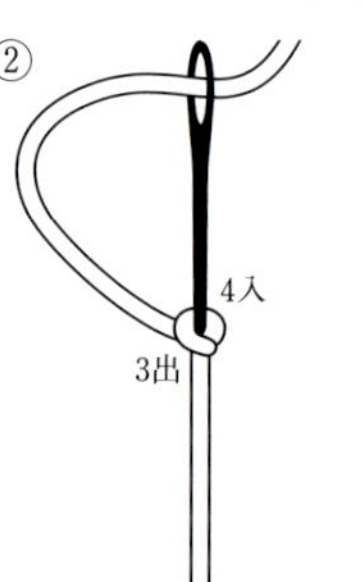

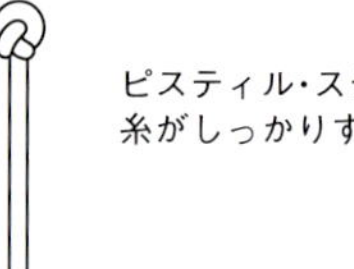

ピスティル・ステッチと似ているが、
糸がしっかりする刺し方

● レイジー・デイジー・ステッチ　lazy daisy stitch

◆花びらとしてもよく使われる

◆チェーン・ステッチを1個でとめたもの

○ 基本の刺し方

①

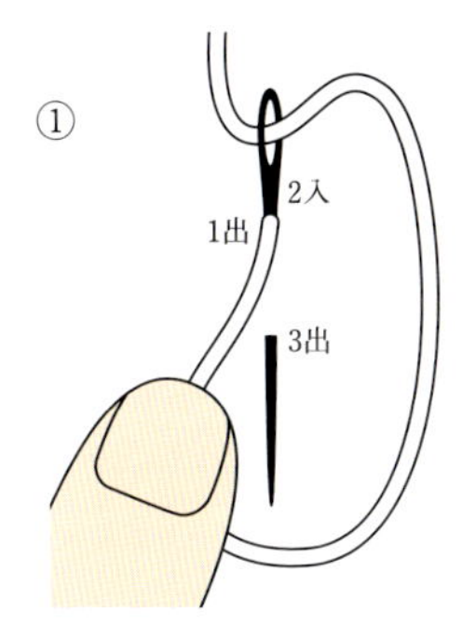

②

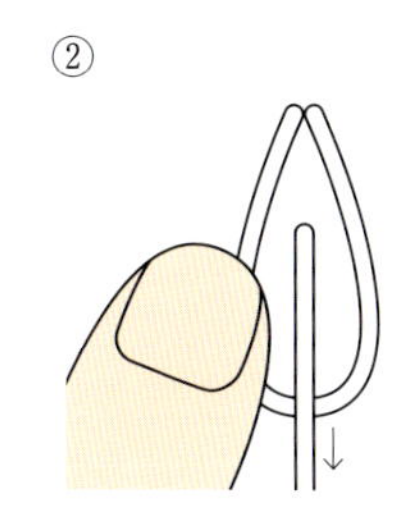

③

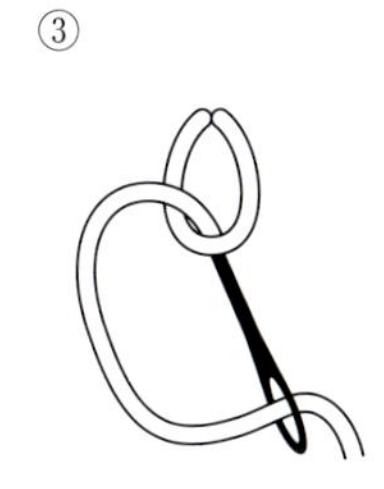

④

②で糸を強く引くと細い形になる

○ レイジー・デイジー・ステッチの応用

上の③で少し離れたところに針を入れる

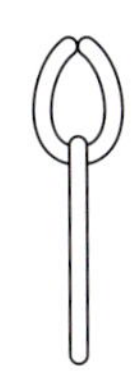

上の③でフレンチ・ノットを加える

小さいステッチを内側に重ねる

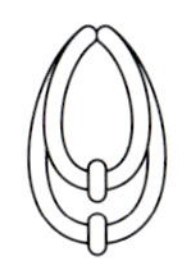

内側にストレート・ステッチを刺す

上にストレート・ステッチをふんわり刺す

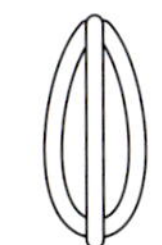

図案はどこまで厳密に写すべきですか？

A ワンポイントのステッチは、図案の形通りに厳密に写す必要はありません。写した通りに刺そうと思うばかりに、ステッチの形が崩れてしまうこともあります。一つ持っておくとよいのは円定規。円が正確に描けるので、図案に近い大きさの円を書き、それを目安に刺すのがおすすめです。

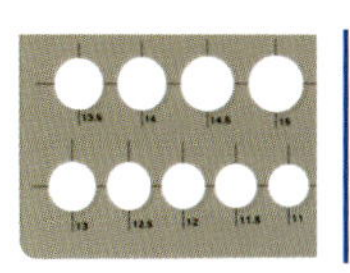

● バリオン・ノット　bullion knot

◆枠は使わなくてもよい　◆専用の「バリオン・ステッチ針」があると刺しやすい

○ 基本の刺し方

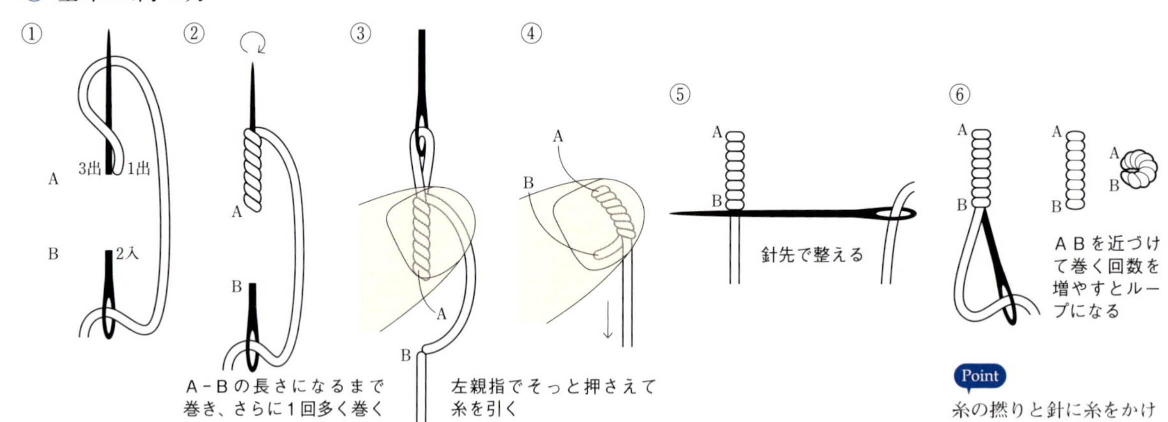

Point
糸の撚りと針に糸をかける方向により、針目がふんわりしたりきりっとしたりする。

○ バリオン・ノットのバリエーション

【バリオン・ローズ】

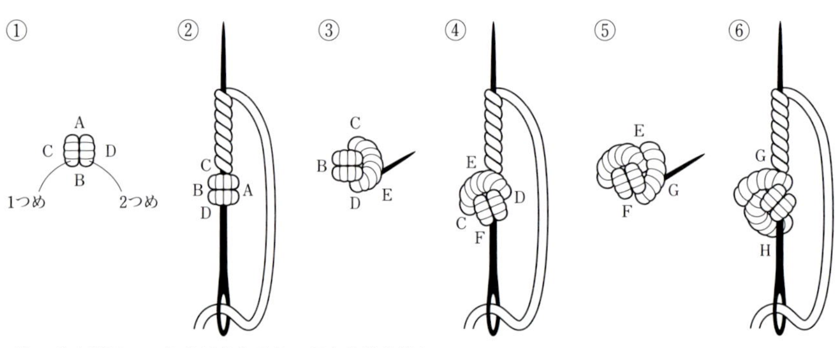

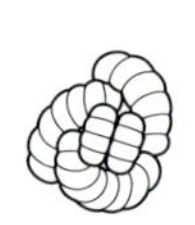

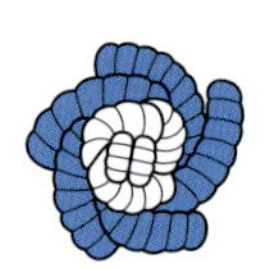

左利きの場合は、反対まわりに刺すと刺しやすい

【バリオン・ループ】

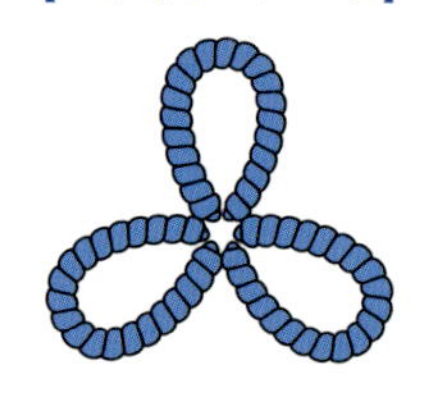

● フライ・ステッチ fly stitch

◆枠に張ったほうがきれいに刺せる ◆詰めて刺すと葉の形になる

○ 基本の刺し方

①

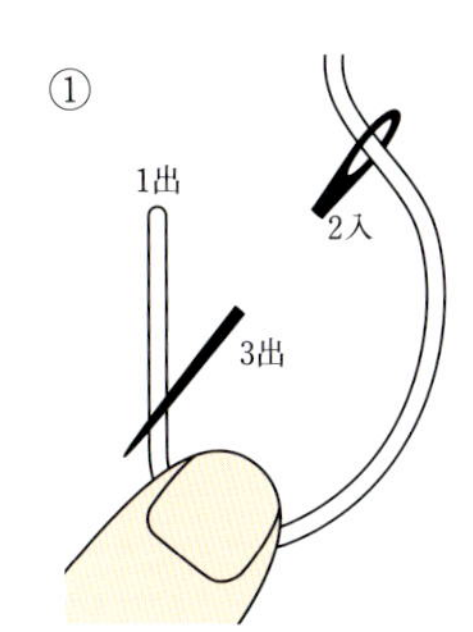

②

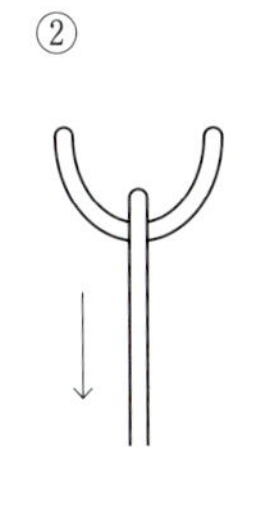

③

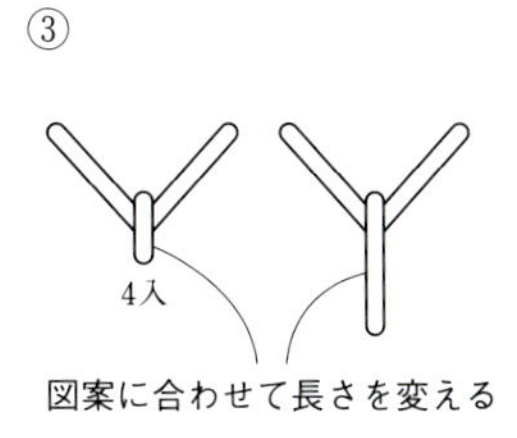

図案に合わせて長さを変える

○ フライ・ステッチの応用

糸をゆるく渡す

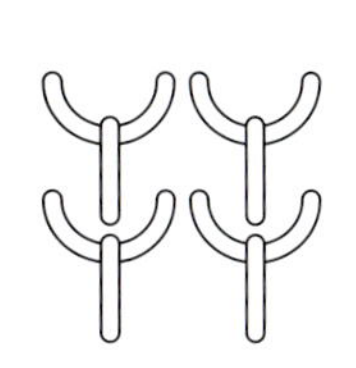

「1出」「2入」の間隔を変える

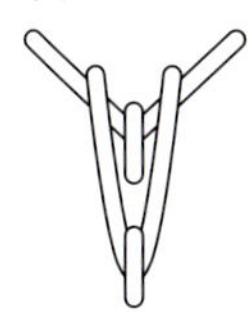

横向きに刺す

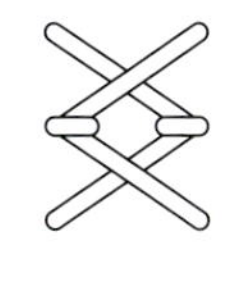

つなげて刺す

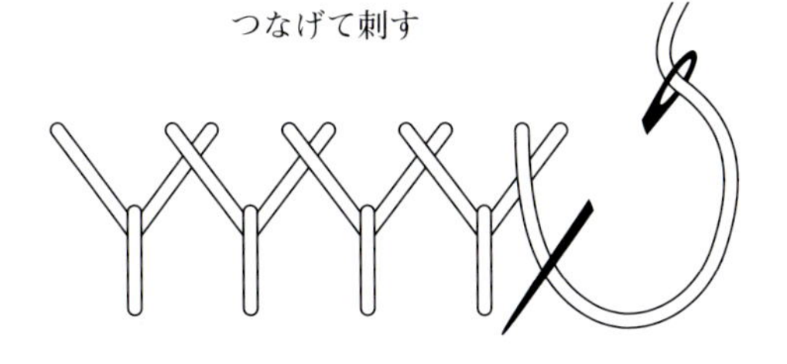

上下対称に1つに刺す

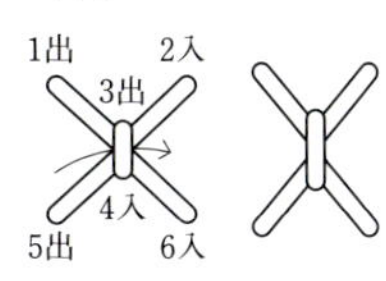

3-4の中をくぐらせて6に入れる
5と6は逆でもよい

4つの向きを変えて刺す

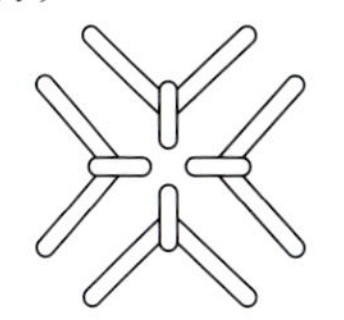

○ フライ・ステッチのバリエーション

【フライ・ステッチ・リーフ】

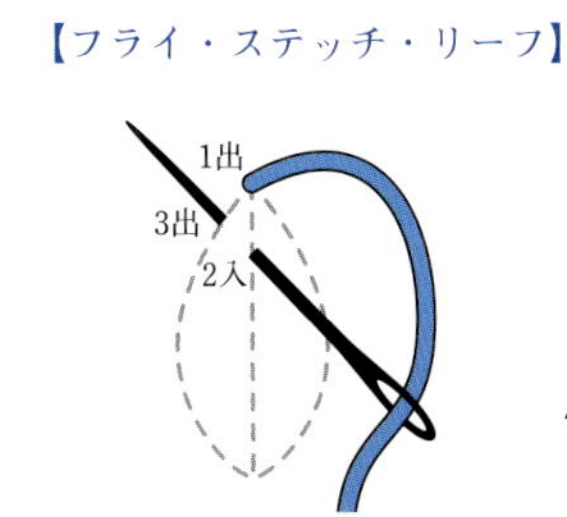

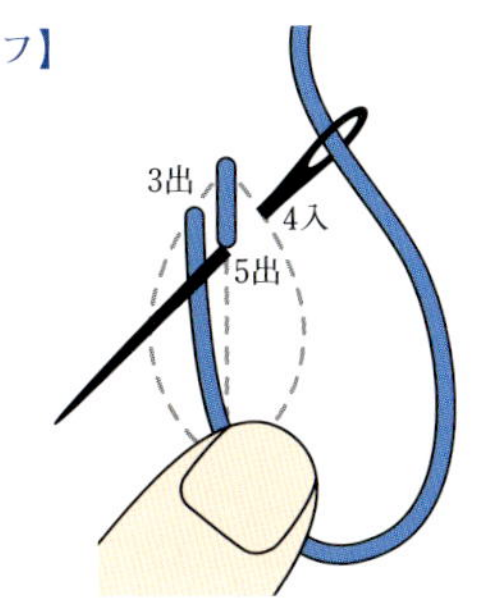

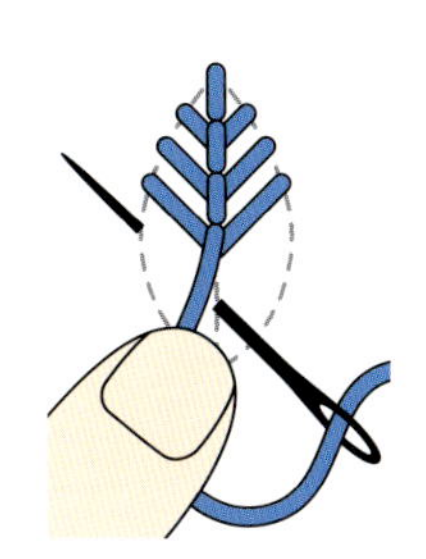

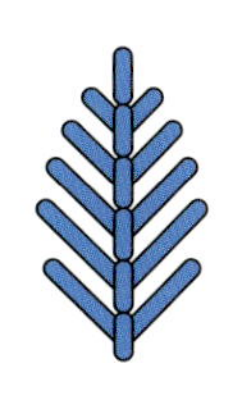

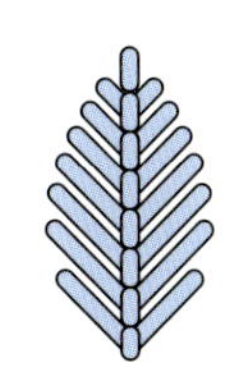

間隔を詰めて刺した場合

● リブド・スパイダーズ・ウェブ　ribbed spider's web

◆引き加減を均一にするときれいに刺せる

◆布をすくわないので先の丸い針を使うと糸だけをすくいやすい

○ 基本の刺し方

《芯糸８本の場合》

①

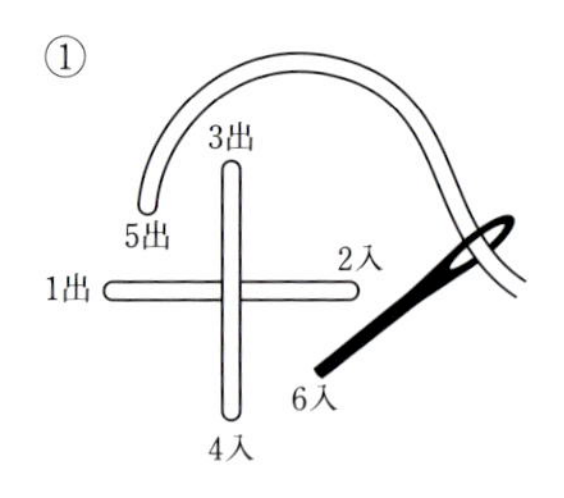

②

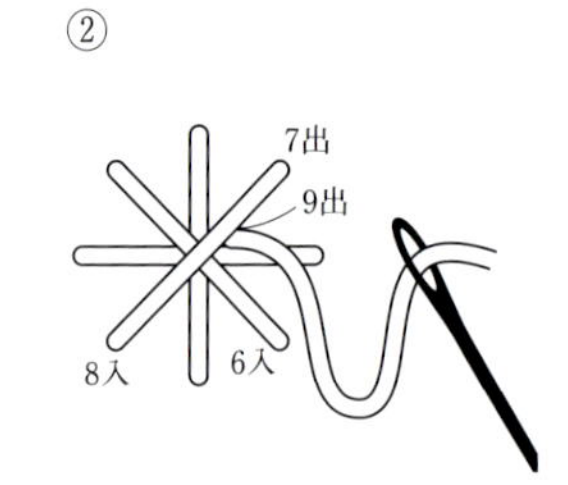

③

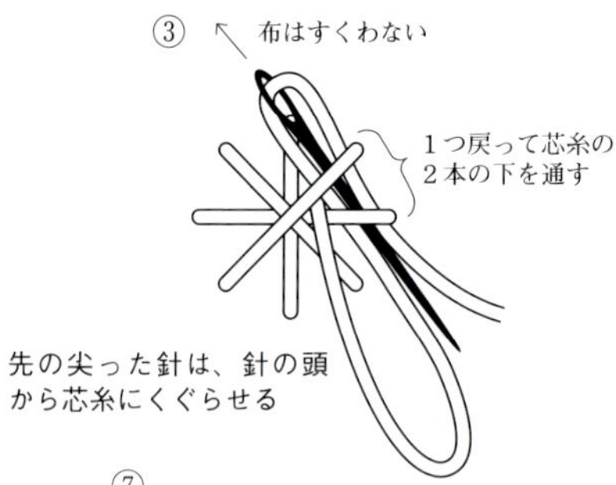

先の尖った針は、針の頭から芯糸にくぐらせる

④

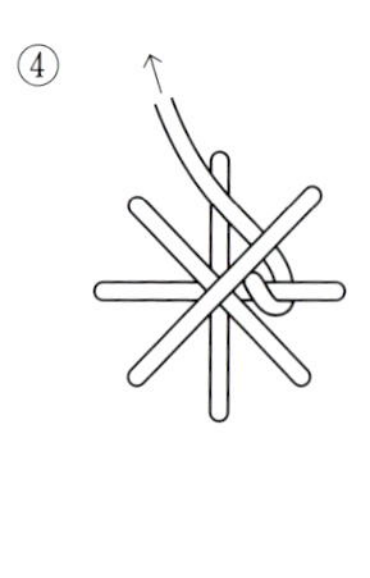

⑤

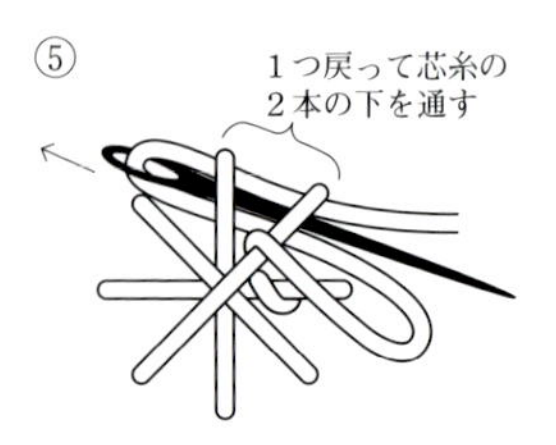

⑥

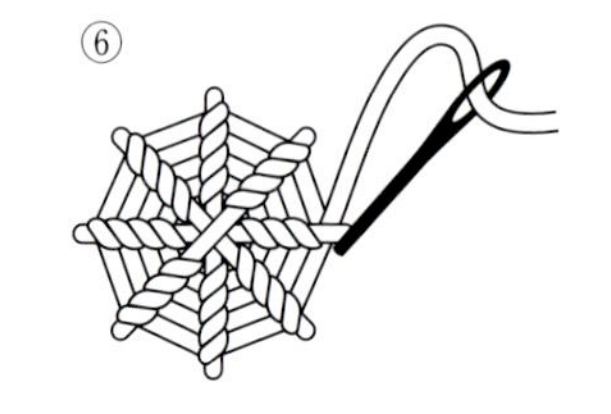

⑦

左利きの場合は反対まわりに刺す

《芯糸６本の場合》

①

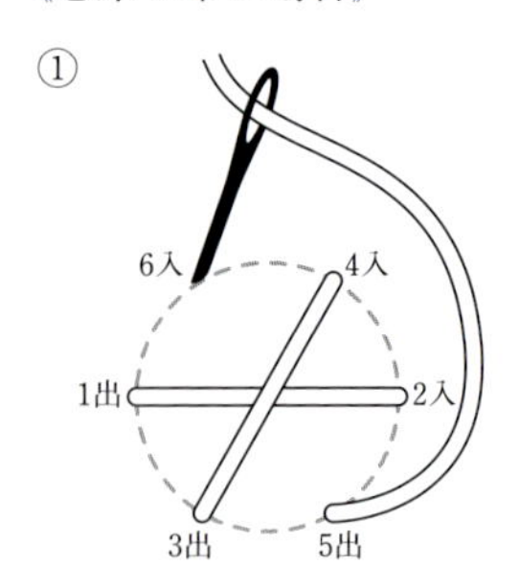

②

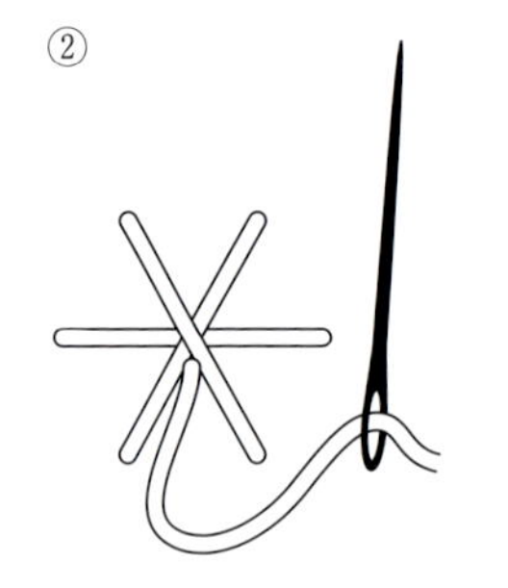

③

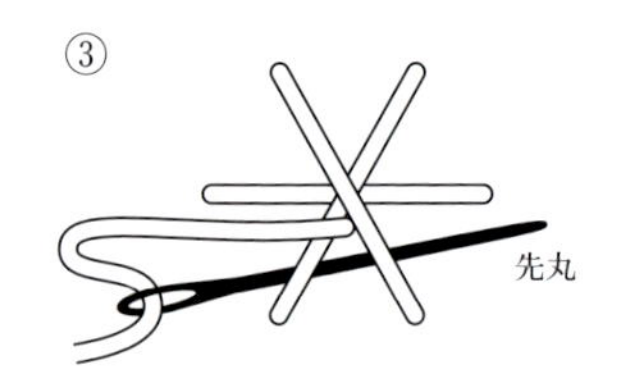

先丸の針は、芯糸を刺したあとで針を替える

④

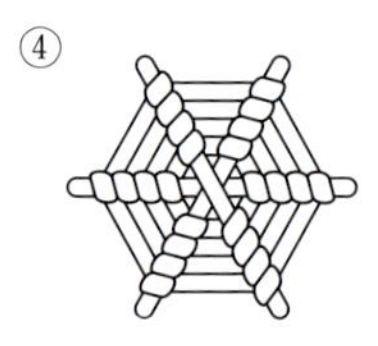

Point
図案の中で一番先に刺すと、針が他のステッチに引っかからず、その後の刺しゅうがスムーズ。

ステッチ　サンプラー
図案と刺し方　53 ページ

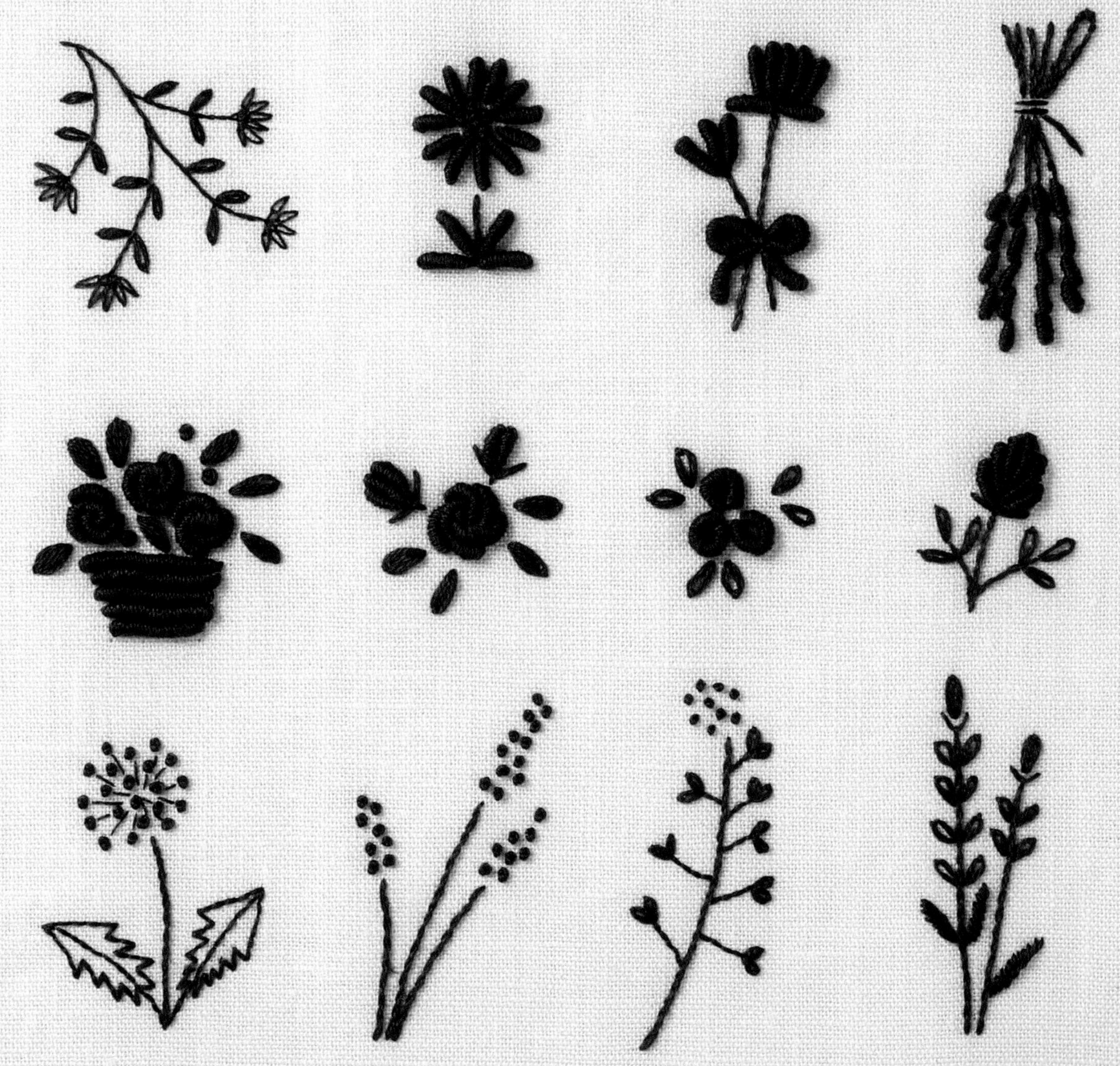

ステッチ　サンプラー

図案と刺し方　53, 62, 63ページ

【p.51, 52 実物大図案】

刺しゅう糸は796で指定以外２本どり
バリオン・ノットは４本どり
指定以外アウトライン・S
バリオン・ノットの「〜回」は糸を針に巻く回数

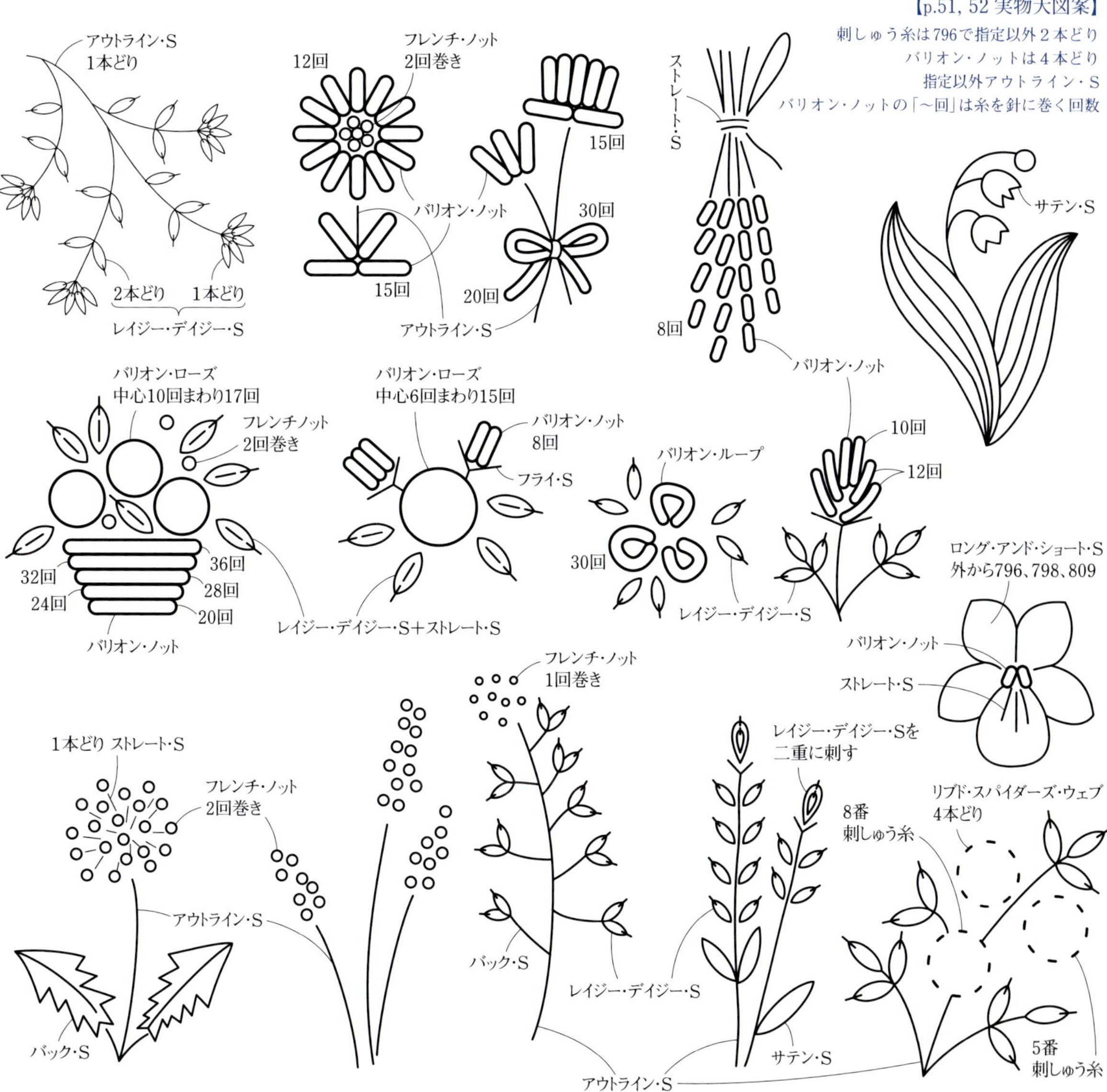

§4 つなげるステッチ

● フェザー・ステッチ feather stitch

◆枠を使ったほうが刺しやすい

◆フライ・ステッチを左右に交互に刺していく要領

○ 基本の刺し方

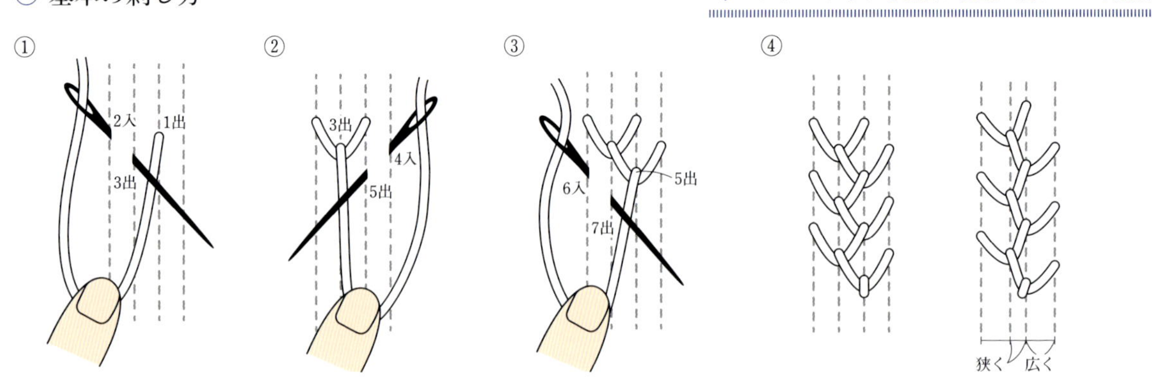

間隔を３等分した４本の案内線を書くと刺しやすい

案内線を均等ではない間隔で書くと、動きに変化が出る。

○ フェザー・ステッチのバリエーション

【ダブル・フェザー・ステッチ】

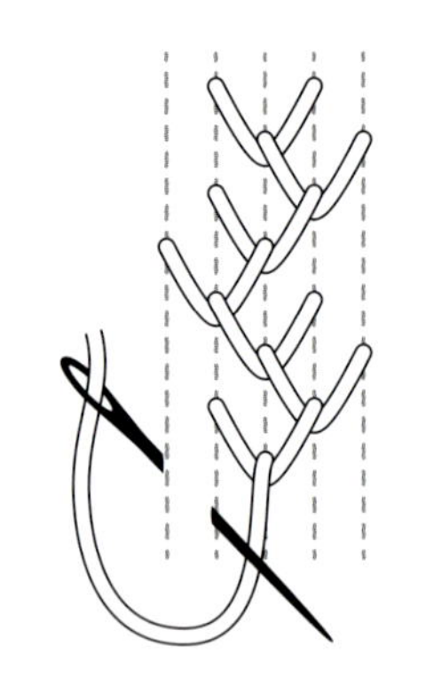

【シングル・フェザー・ステッチ】

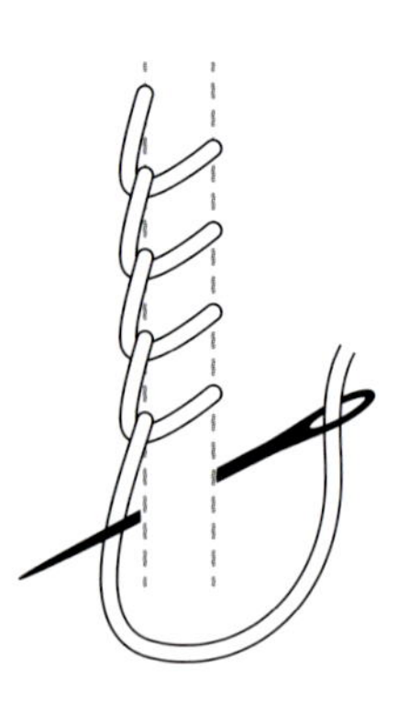

【クローズド・フェザー・ステッチ】

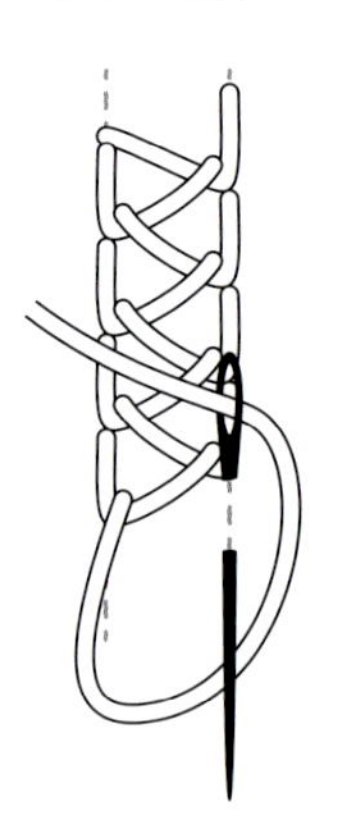

【ロング・アームド・フェザー・ステッチ】

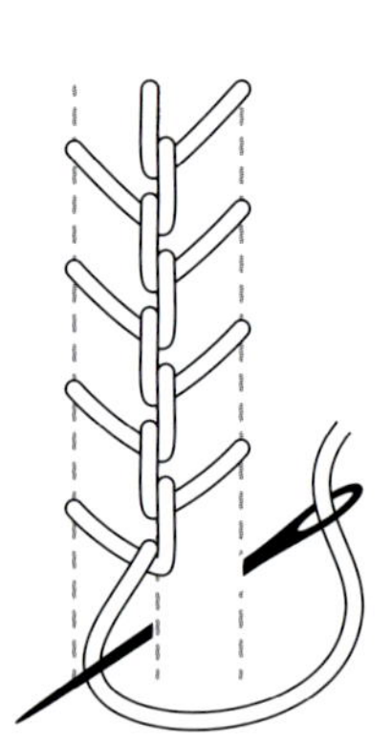

● ヘリンボーン・ステッチ herringbone stitch

◆日本では「千鳥がけ」として知られる

○ 基本の刺し方

①

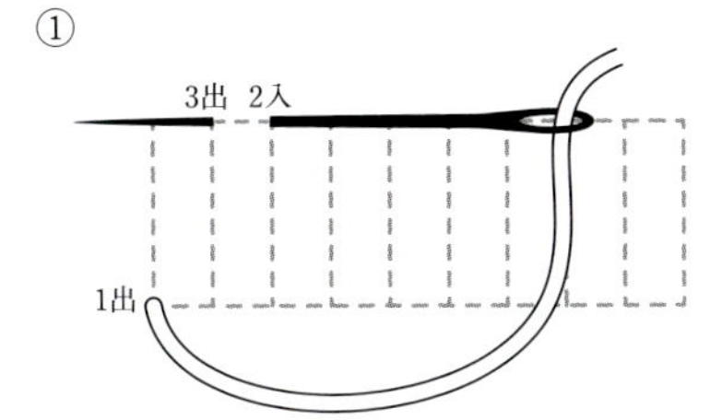

②

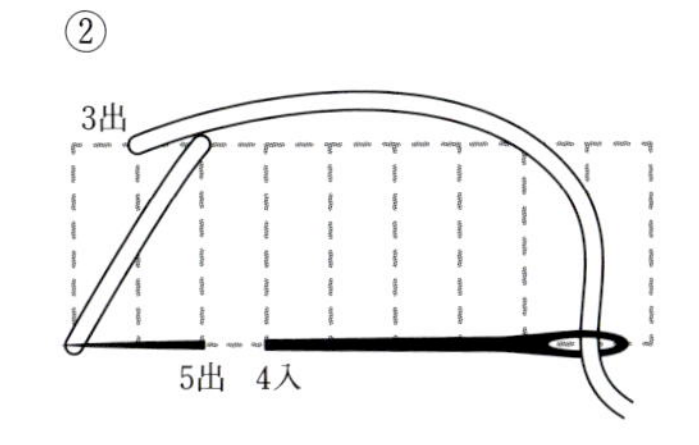

③

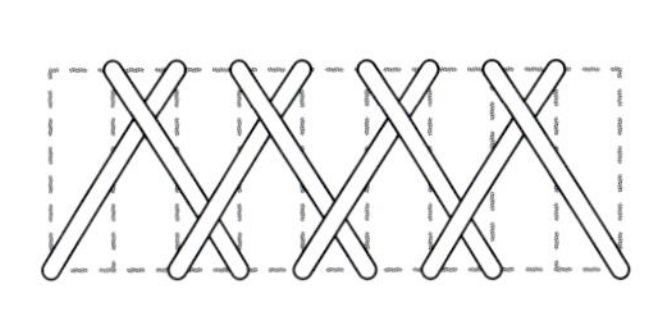

《刺し終わりが刺し始めにつながる場合》

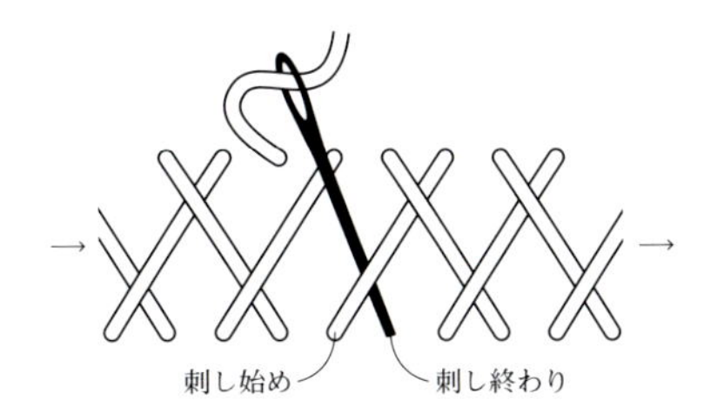

○ ヘリンボーン・ステッチのバリエーション

【ダブル・ヘリンボーン・ステッチ】

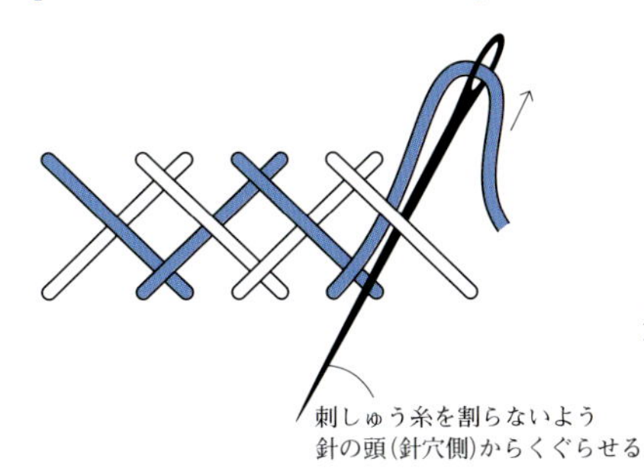

【クローズ・ヘリンボーン・ステッチ】

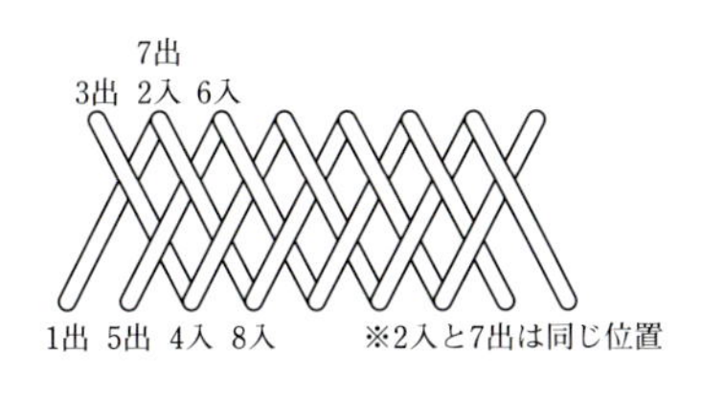

【スレッディド・ヘリンボーン・ステッチ】

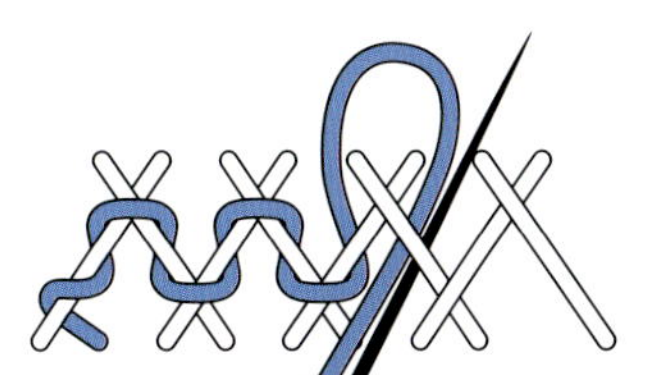

● ブランケット・ステッチ　blanket stitch（ボタンホール・ステッチ　buttonhole stitch）

○ 基本の刺し方

◆間隔が広いとブランケット・ステッチ、
間隔が狭いとボタンホール・ステッチと呼ばれることが多い

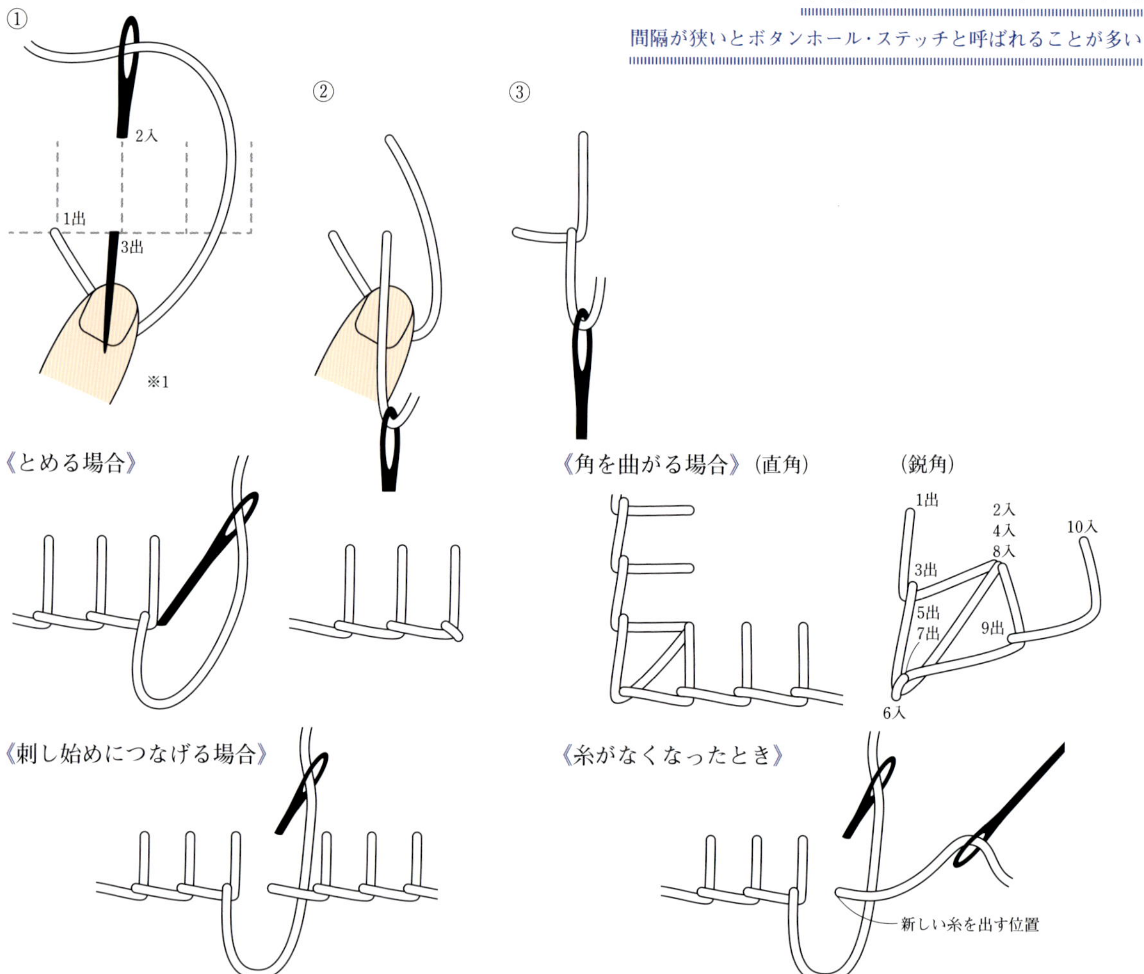

○ ブランケット・ステッチの応用

円に刺す

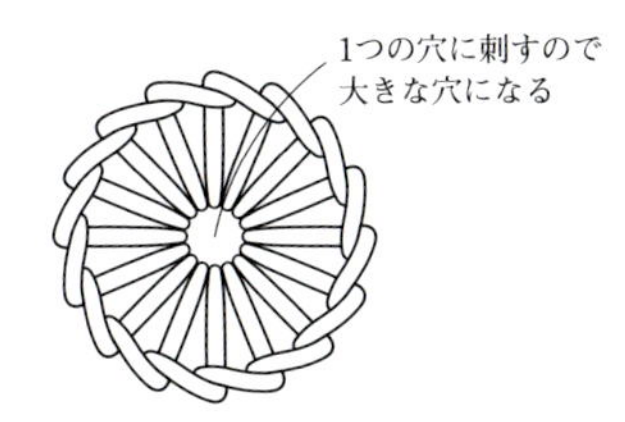

下刺しをして刺す

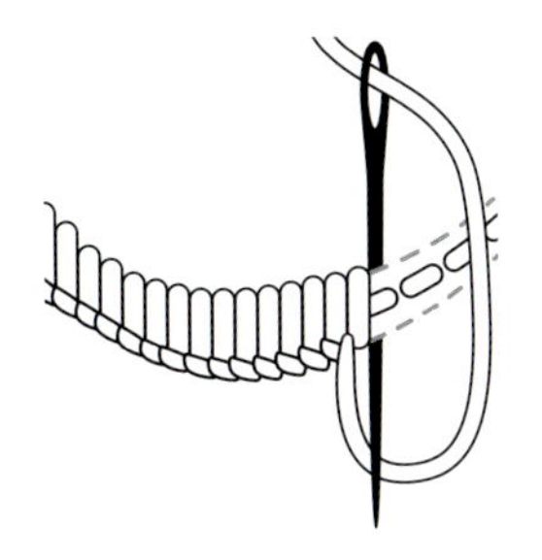

両方向から刺す

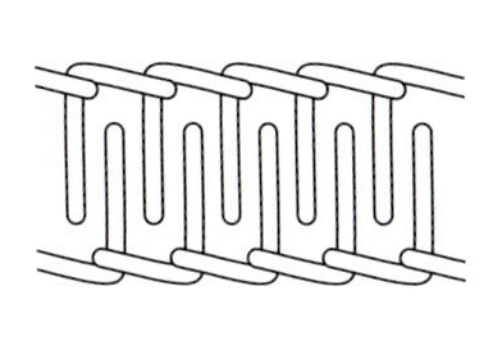

○ ブランケット・ステッチのバリエーション

【ウィップド・ブランケット・ステッチ】

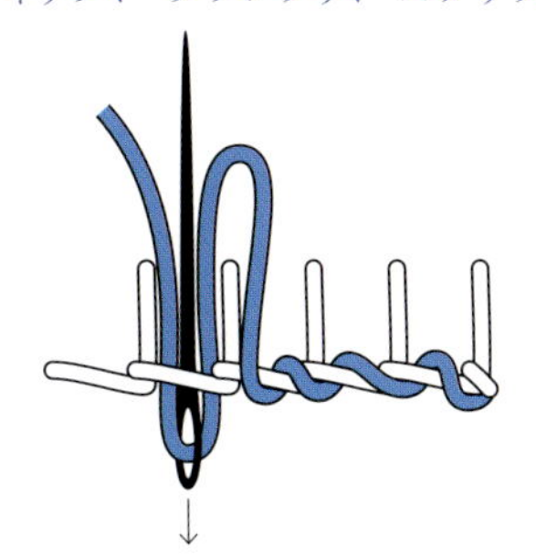

【クローズド・ボタンホール・ステッチ】（2種）

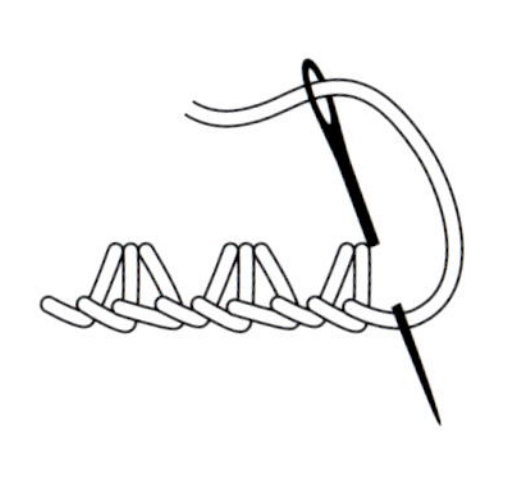

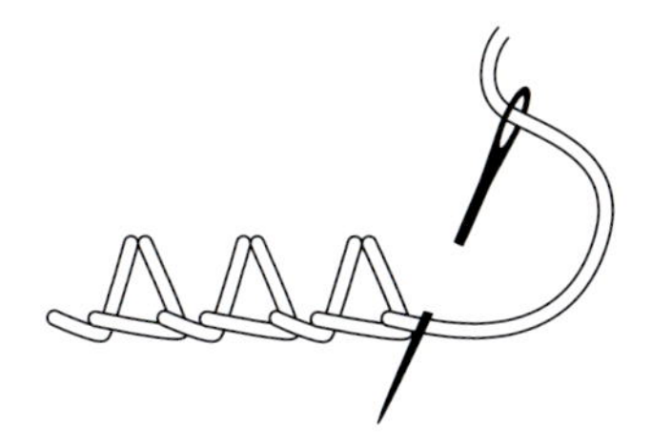

【クロスト・ボタンホール・ステッチ】

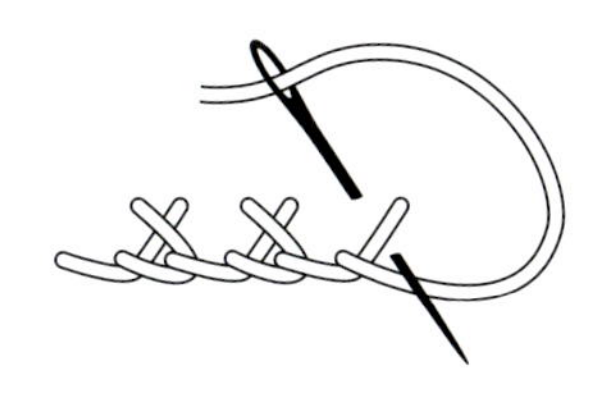

ステッチの名前の由来って面白そう

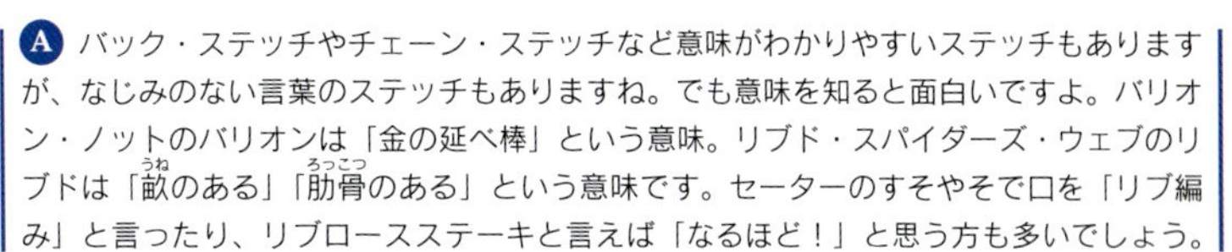

A バック・ステッチやチェーン・ステッチなど意味がわかりやすいステッチもありますが、なじみのない言葉のステッチもありますね。でも意味を知ると面白いですよ。バリオン・ノットのバリオンは「金の延べ棒」という意味。リブド・スパイダーズ・ウェブのリブドは「畝（うね）のある」「肋骨（ろっこつ）のある」という意味です。セーターのすそやそで口を「リブ編み」と言ったり、リブロースステーキと言えば「なるほど！」と思う方も多いでしょう。

ステッチ　サンプラー

図案と刺し方　62ページ

図案と刺し方　63ページ

ステッチ　サンプラー

図案と刺し方　64ページ

図案と刺し方　65ページ

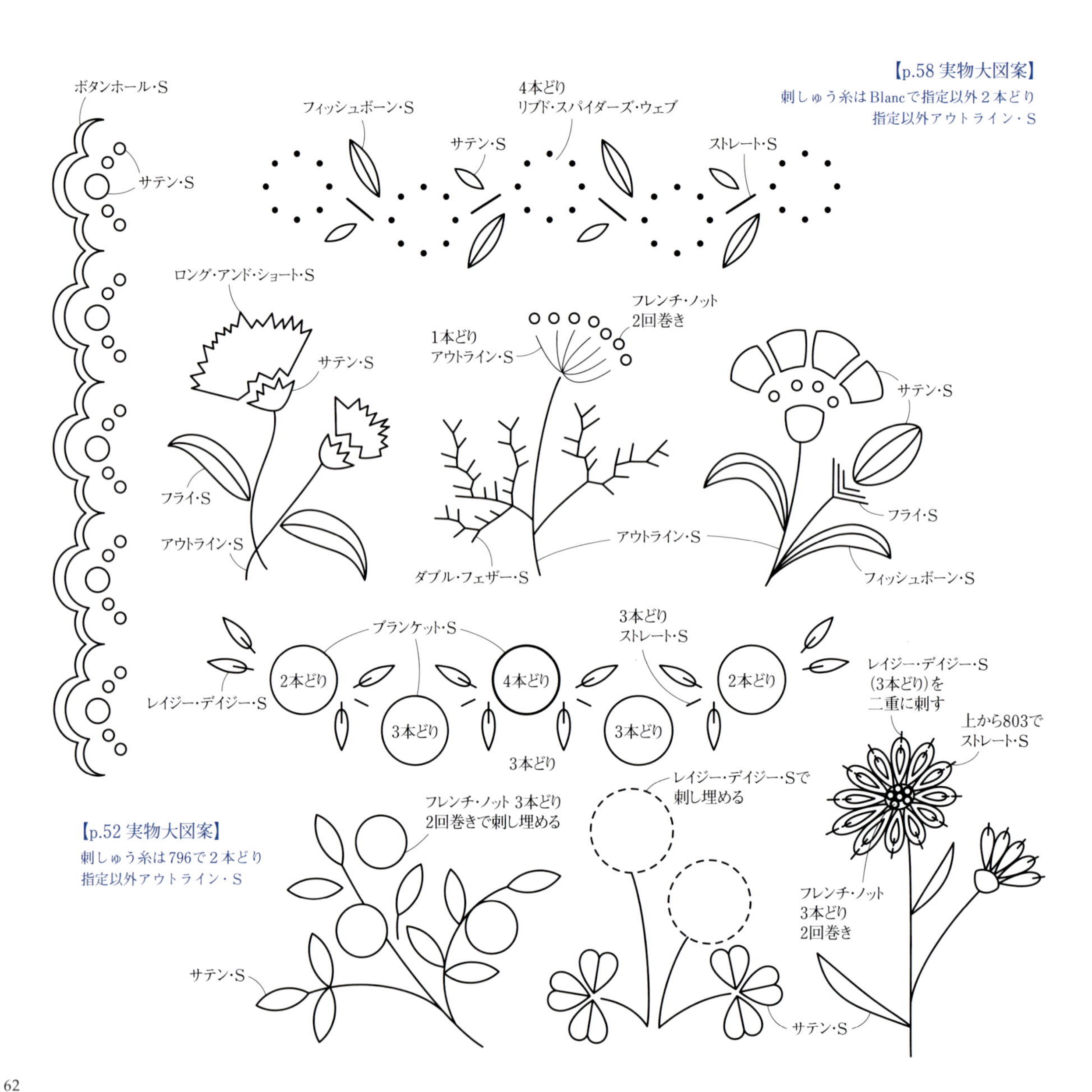
【p.58 実物大図案】
刺しゅう糸はBlancで指定以外２本どり
指定以外アウトライン・S
ボタンホール・S
サテン・S
フィッシュボーン・S
サテン・S
4本どり
リブド・スパイダーズ・ウェブ
ストレート・S
ロング・アンド・ショート・S
サテン・S
フライ・S
アウトライン・S
1本どり
アウトライン・S
フレンチ・ノット
2回巻き
ダブル・フェザー・S
アウトライン・S
サテン・S
フライ・S
フィッシュボーン・S
ブランケット・S
2本どり
4本どり
2本どり
3本どり
3本どり
3本どり
3本どり
ストレート・S
レイジー・デイジー・S
3本どり
レイジー・デイジー・S
(3本どり)を
二重に刺す
上から803で
ストレート・S
【p.52 実物大図案】
刺しゅう糸は796で２本どり
指定以外アウトライン・S
フレンチ・ノット 3本どり
2回巻きで刺し埋める
レイジー・デイジー・Sで
刺し埋める
サテン・S
フレンチ・ノット
3本どり
2回巻き
サテン・S

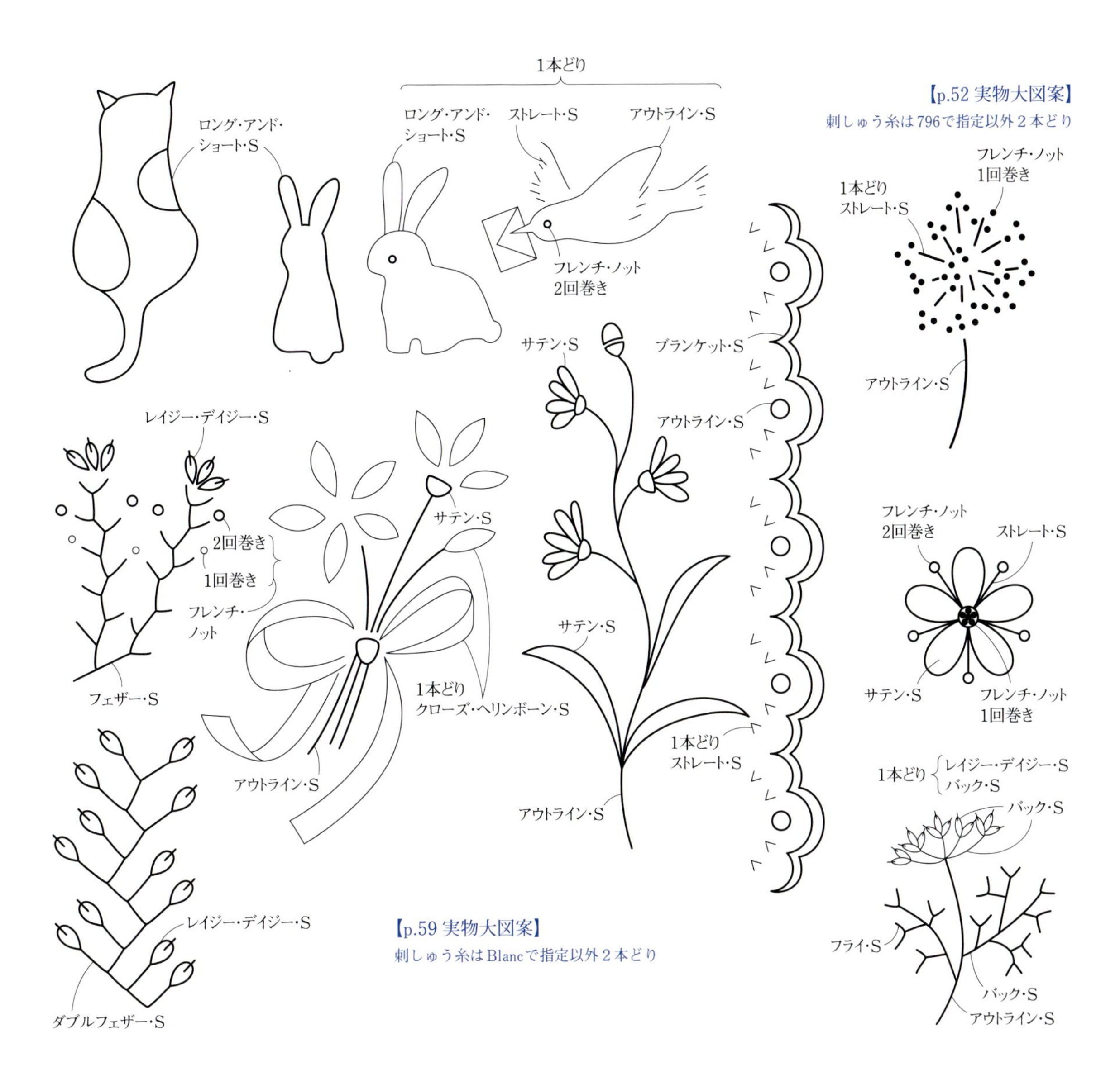
1本どり
ロング・アンド・
ショート・S
ロング・アンド・
ショート・S
ストレート・S
アウトライン・S
フレンチ・ノット
2回巻き
【p.52 実物大図案】
刺しゅう糸は796で指定以外２本どり
フレンチ・ノット
1回巻き
1本どり
ストレート・S
アウトライン・S
サテン・S
ブランケット・S
アウトライン・S
レイジー・デイジー・S
サテン・S
2回巻き
1回巻き
フレンチ・
ノット
フェザー・S
1本どり
クローズ・ヘリンボーン・S
サテン・S
フレンチ・ノット
2回巻き
ストレート・S
サテン・S
フレンチ・ノット
1回巻き
1本どり
ストレート・S
アウトライン・S
アウトライン・S
1本どり
レイジー・デイジー・S
バック・S
バック・S
レイジー・デイジー・S
ダブルフェザー・S
【p.59 実物大図案】
刺しゅう糸はBlancで指定以外２本どり
フライ・S
バック・S
アウトライン・S

【p.60 実物大図案】

刺しゅう糸はBlanc 2本どり／指定以外アウトライン・S

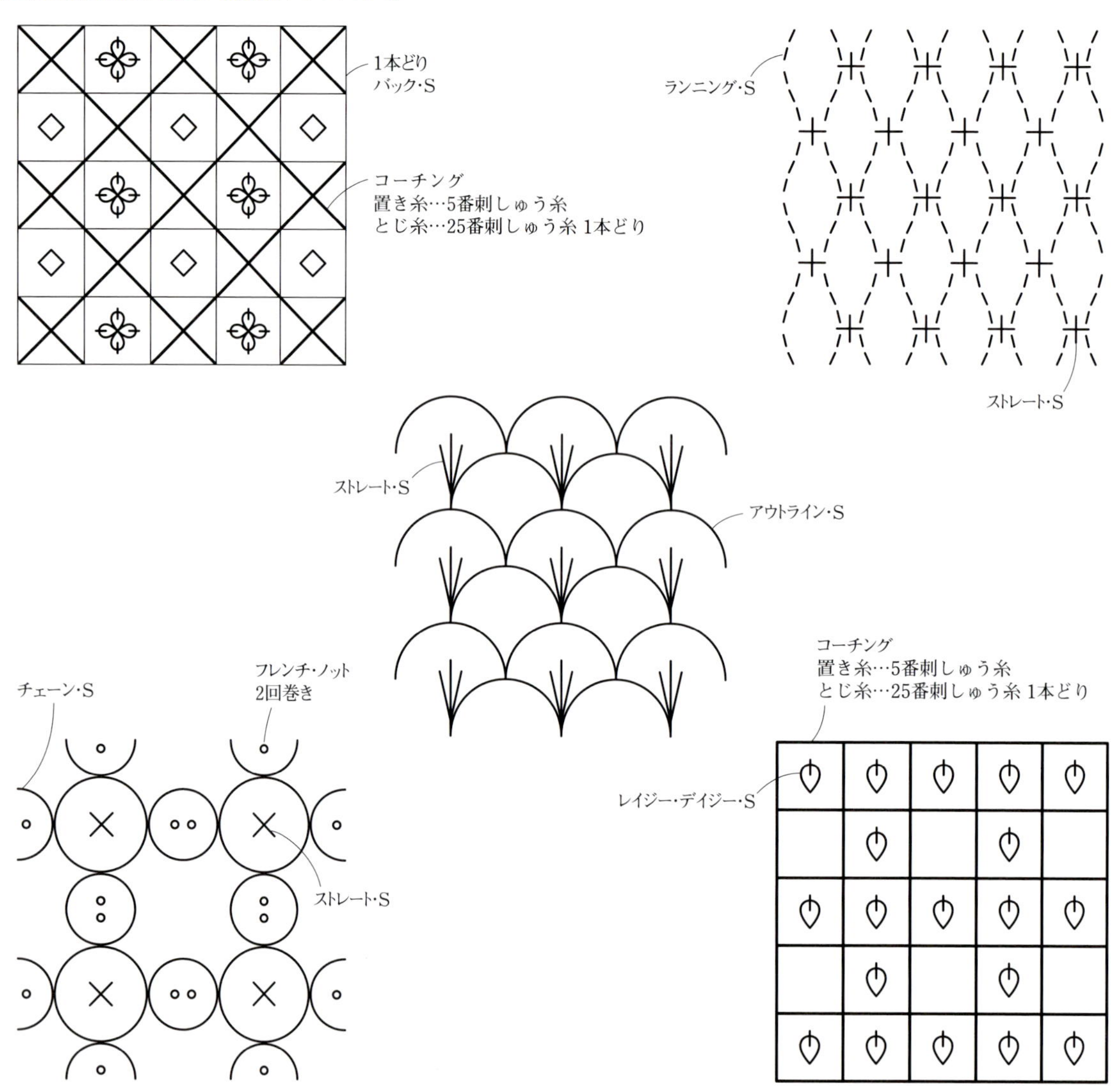

【p.61 実物大図案】

刺しゅう糸はBlancで指定以外２本どり／指定以外アウトライン·S

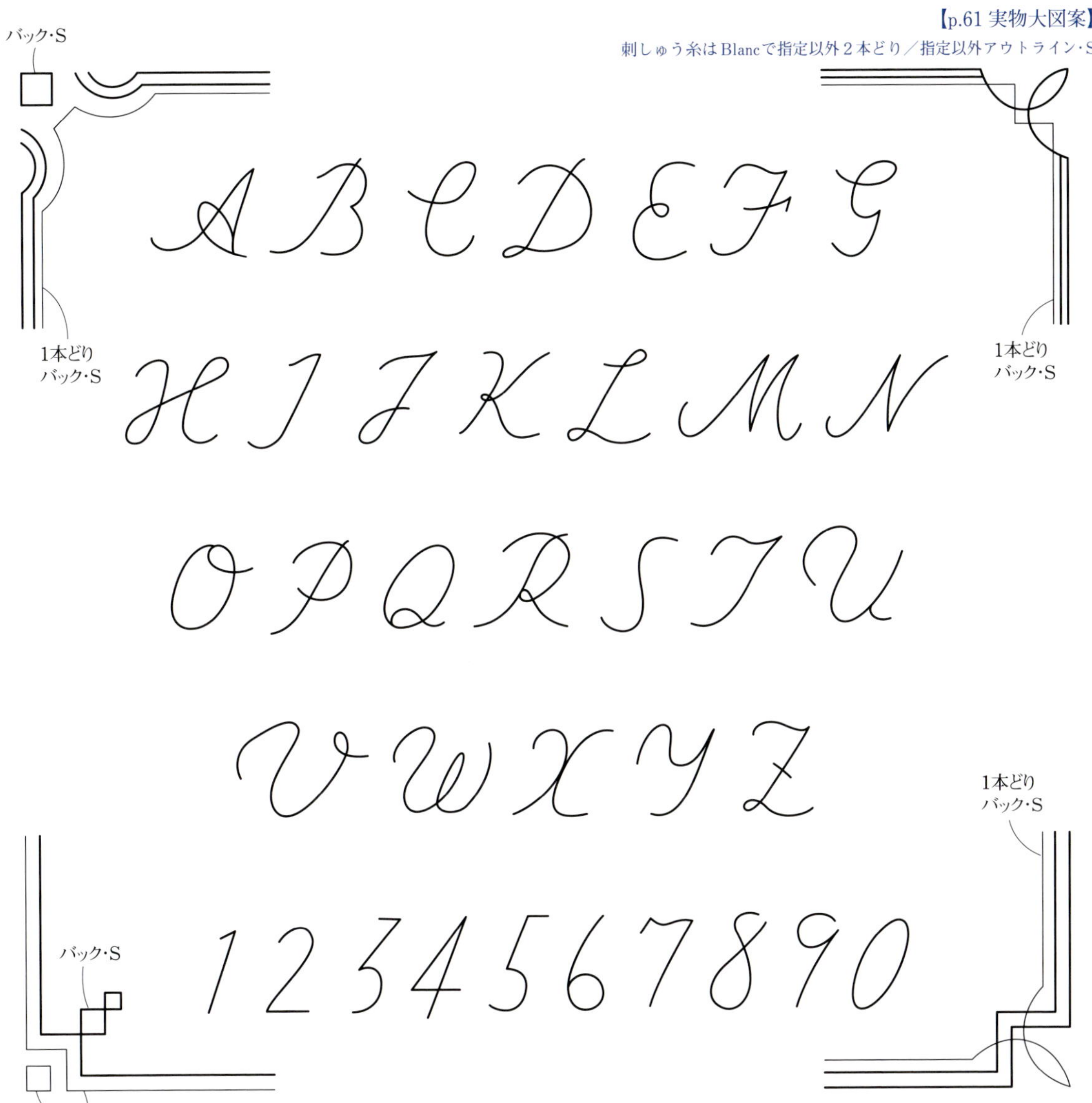

クロス・ステッチ

刺しゅう糸を×にクロスして刺す技法。図案は布に写さず、チャートと呼ばれる図案の案内図を見ながら刺していきます。クロスが少しずつ増えて模様や絵ができ上がっていくのが楽しい、刺しゅうの中でも人気のある技法です。

§1 クロス・ステッチの糸について

クロス・ステッチに使う糸

●25番刺しゅう糸がもっともよく使われる。平織り28カウント（ブロック織り14カウント）の布に2本どりで刺すデザインが多い。

●花糸はつやのない糸で、クロス・ステッチに好んで使われる。1本どりが25番刺しゅう糸2本どりと同程度の太さになる。

●それぞれの糸については6、7ページを参照。

§2 クロス・ステッチの布について

向いている布

●たてよこの織り目が同比率で数えやすい、クロス・ステッチ専用の布。

●目数の数えられない布は工夫してクロス・ステッチをすることができる（p.68参照）。

よく使われる布

1．ブロック織り

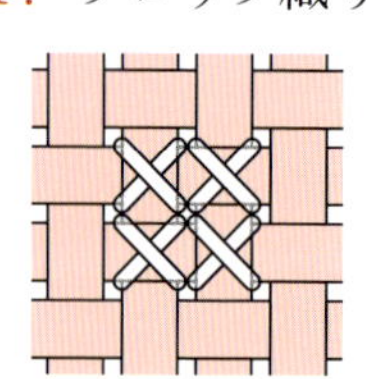

1ブロックが1マス。初心者でもマス目を数えやすく、目もそろう。「アイーダ」「ジャバクロス」「オックスフォード」などが、よく知られているクロス・ステッチ用のブロック織りの布。

2．平織り

●たてよこの織り糸2本ずつを1目として刺す（2目ごとに刺す）ことも多い。

●リネン…繊細な布目が美しい生地。「刺しゅう用リネン」として売られているものは上質で高価。一般のリネンを使用する場合は、たてよこの織り糸の本数がほぼ同じものを選ぶ。

●綿…目数が数えられて、たてよこの織り糸の本数がほぼ同じ綿にはクロス・ステッチできる。

布目の粗さと図案の大きさについて

1. 布目の粗さ

●布目の粗さを「カウント」で表すことが多い。カウントは「1インチ(=2.54cm)あたり」の織り糸の本数を表している。「カウント」の数が多くなるほど布目は細かくなる。

●1ブロックを1目と数えるブロック織りの布と、織り糸2本ずつを1目として刺す平織りの布では、同じカウント数だと刺し上がりの大きさが倍違う。たとえばブロック織り14カウントの布と平織り28カウントの布が同じ大きさに刺し上がる。

ブロック織り14カウント

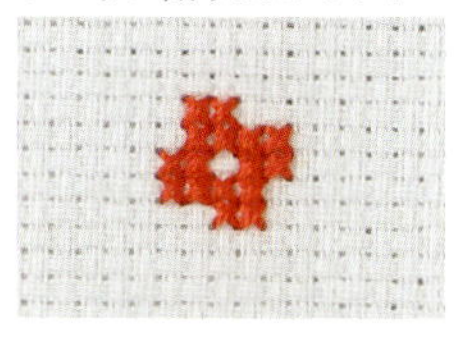

平織り28カウント

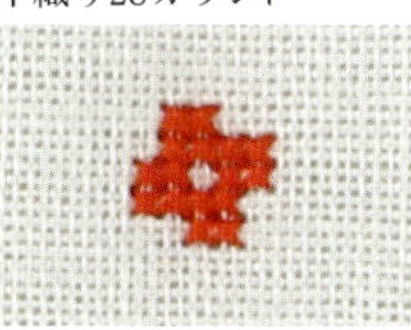

2. 図案の大きさ

●布目の粗さによって図案の大きさが変わるので、注意が必要。

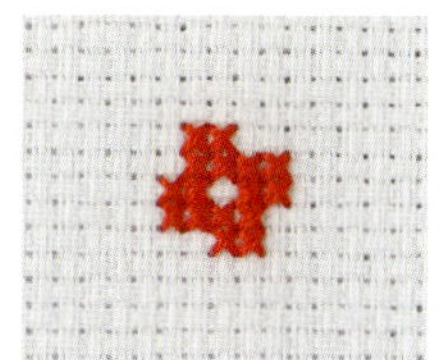

左は9カウントのブロック織りに刺したもの。右は14カウントのブロック織りに刺したもの。図案は同じだが大きさが異なる。

3. インチとセンチ表示について

「カウント」は「1インチあたり」の織り糸の本数を表す単位。センチ表示に書き換えると以下のようになる。

インチ表示		センチ表示	
平織り	ブロック織り	平織り	ブロック織り
36カウント	18カウント	14本(7目)	7マス
32カウント	16カウント	12.6本(6.3目)	6.3マス
28カウント	14カウント	11本(5.5目)	5.5マス

●センチ表示はインチのカウント数を2.54(1インチ=2.54cm)で割ったもの。

●平織りは織り糸2本を1目として刺した場合の1センチあたりの織り糸の本数。

4. 布目の大きさとでき上がり寸法の関係

図案の目数□目÷刺す布の1cmあたりの目数□目=作品の大きさ(cm)
または
図案の目数□目÷(布のカウント数□カウント÷2.54)=作品の大きさ(cm)

[図案の目数とできあがりサイズ早見表]

	目数	10	20	30	40	50	60	70	80	90	100	110	120
平織り	ブロック織り	でき上がりサイズ(cm)											
28カウント	14カウント	1.8	3.6	5.5	7.3	9.1	10.9	12.7	14.5	16.4	18.2	20	21.8
32カウント	16カウント	1.6	3.2	4.8	6.3	7.9	9.5	11.1	12.7	14.3	15.9	17.5	19
36カウント	18カウント	1.4	2.9	4.3	5.7	7.1	8.6	10	11.4	12.9	14.3	15.7	17.1

目数が数えられない布にクロス・ステッチする方法

1. 抜きキャンバス

目の数えられない布にクロス・ステッチする場合、マス目の代わりとなる専用のキャンバスをのせて少しきつめに刺す。キャンバスは刺しゅうをしたあとに取り除く。

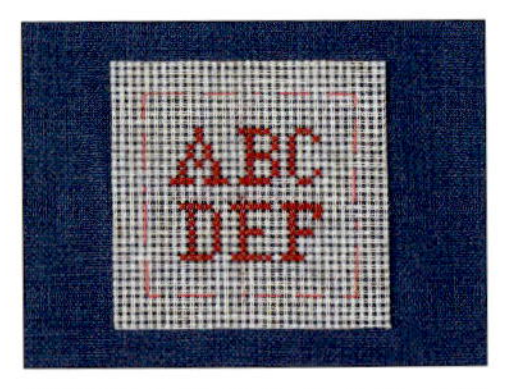

①図案より少し大きめの抜きキャンバスをしつけでとめ、フランス刺しゅう針で刺しゅうをする。

②しつけをはずし、霧を吹いて糊を弱め、キャンバスの織り糸を１本ずつ毛抜きなどで抜く。

③キャンバスの織り糸をすべて抜くとステッチだけが残る。

2. 溶けるキャンバスやシート

マス目が数えられるシート状のキャンバス。貼ったり、しつけをかけたりして使う。
刺し終えてぬるま湯にひたすと、シートが溶けて刺しゅうが残る。

布の準備

９ページを参照

§3 クロス・ステッチの用具

※ここで触れていない用具（はさみ、ピンクッション、糸通し等）は 14、15 ページを参照

クロス・ステッチ針

針の号数	25番刺しゅう糸の本数	布目の大きさの目安（1cmあたり）
20	５～６本どり	3.5 × 3.5 目　９カウント
21	４本どり	4.5 × 4.5 目　11カウント
22	２～３本どり	5.5 × 5.5 目　14カウント
23	２本どり	6.3 × 6.3 目　16カウント
24	１～２本どり	７×７目　18カウント

※メーカーによって針のサイズが異なる場合がある。

布の織り目の間を刺すので、針先は丸くなっている。

刺しゅう枠

●使っても使わなくてもよい。
●枠を使わないで刺すときは、糸の引きすぎに注意する。

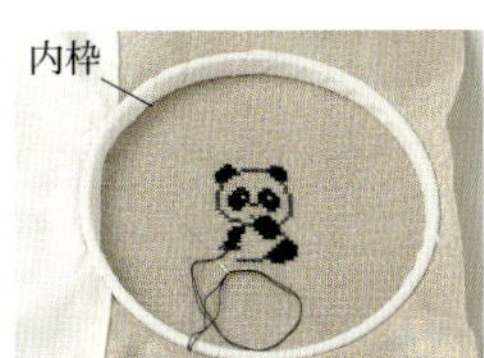

●写真のように通常とは反対向き（外枠→刺しゅう面を上にした布→内枠の順）にはめて刺すと、裏の始末がしやすくなり、効率的に作業できる。

§4 刺し始める前に

チャートの見方と糸の準備

●図案を布に写す作業は不要。「チャート」と呼ばれる案内図を見ながら刺し進める。
●記号のみで色番号を表すチャートもあるので、必要な場合はコピーを取り、色を塗りながら刺し進めると作業がスムーズ。
●オーガナイザー（p.19 参照）に、記号と色番号を書いておくのも有効。

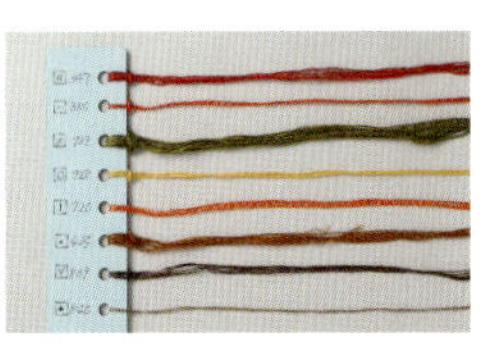
厚紙で作ったオーガナイザー

目安の印

●クロス・ステッチは中心から刺し始めることが多いので、布の中心に糸で十字を刺しておくと位置がわかりやすい。たてよこに半分に折って中心を決める。
●慣れないうちはあとで消せるペンで 10 目ごとに線を引いておくと間違いにくい。ペンは事前に印が消えることを布端で確認しておく。

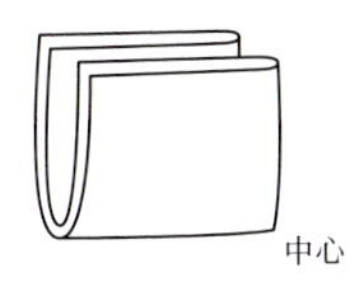

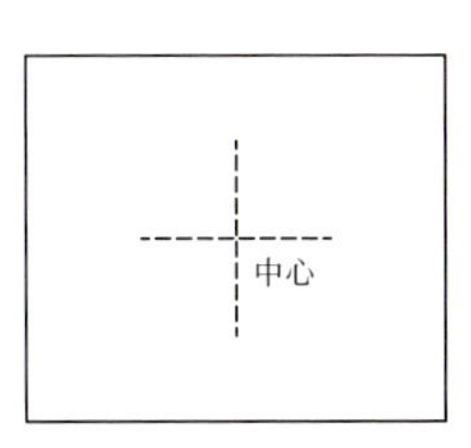

刺し始めの糸始末

1．横にくぐらせる

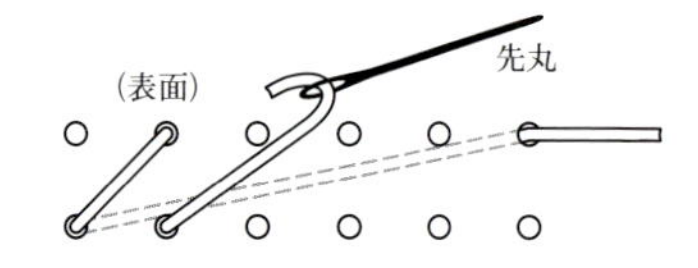

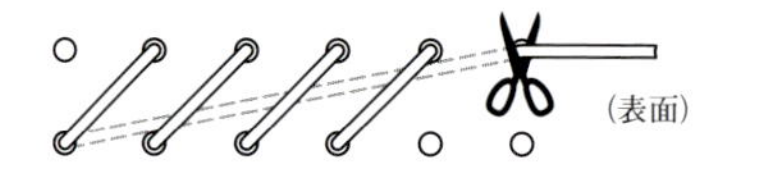

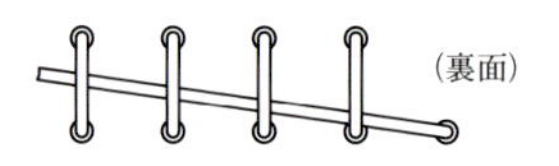

2．ループにくぐらせる

（ループメソッド　２本どりの際に有効）

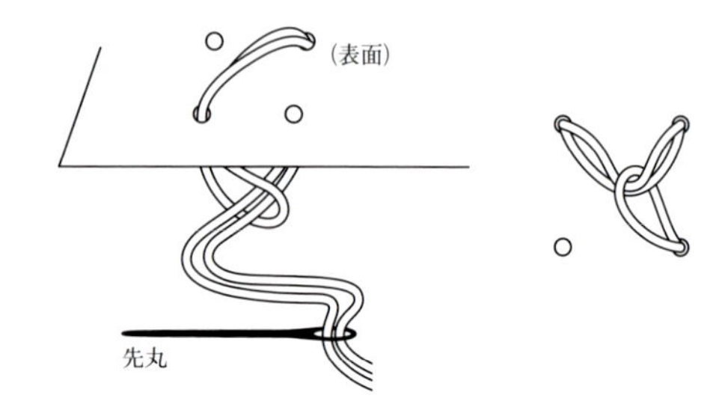

3．縦に始末する

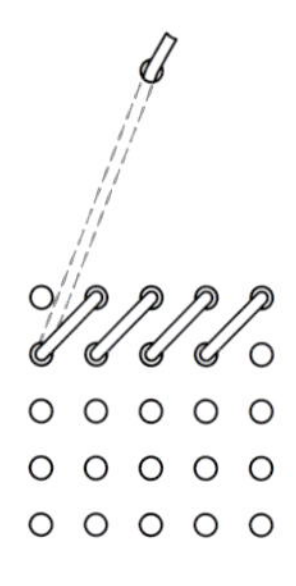

遠くから針を入れてあとで始末する

平織りの布に刺す場合の注意

２本の織り糸を１目として刺す場合は、最初に針を出す位置に気をつける。

NG 例の位置から針を出すと刺しゅう糸が布の織り糸にもぐり込みやすく、きれいに仕上がらない。

OK

（たて糸が上になっている左下または右上から針が出ている）

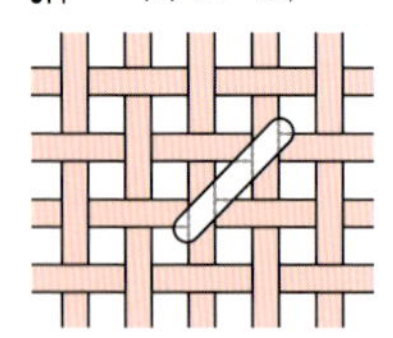

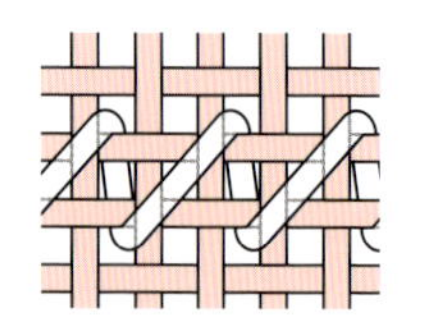

NG

（よこ糸が上になっている左下または右上から針を出す）

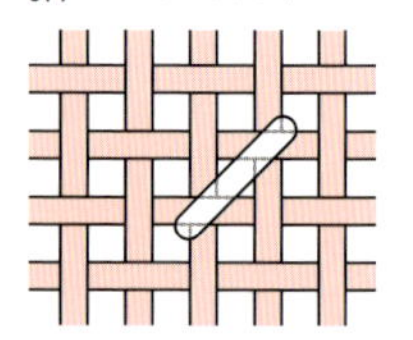

§5 クロス・ステッチの刺し方

刺し進め方

●一つの作品の中では目の重なり方が同じになるように刺す。

●布を180度回転させて持って刺してもよいが、90度回転させて持つときは、刺すと目の重なり方が逆になるので注意する。

1. 横に進むとき

★

2. 1目ずつ横に進むとき

★

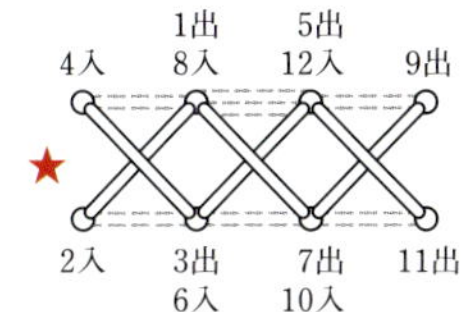

裏に糸が横に並び、斜めに糸を渡さない進め方

★

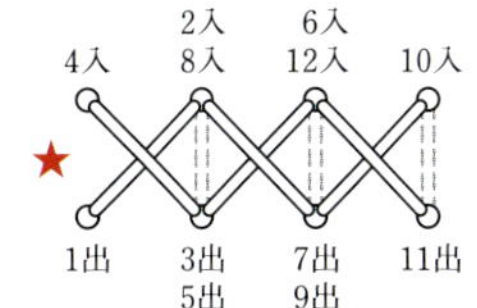

目の粗い布でも、1目1目をふっくら刺す進め方

3. 縦に進むとき

★

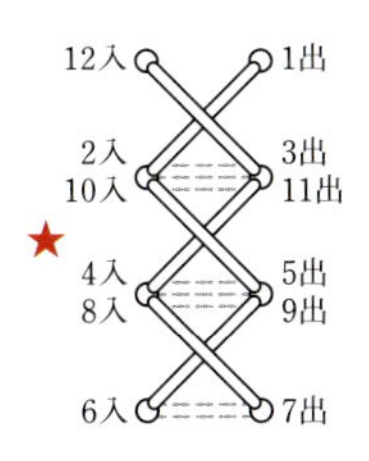

裏に糸が横に並び、斜めに糸を渡さない進め方

◆

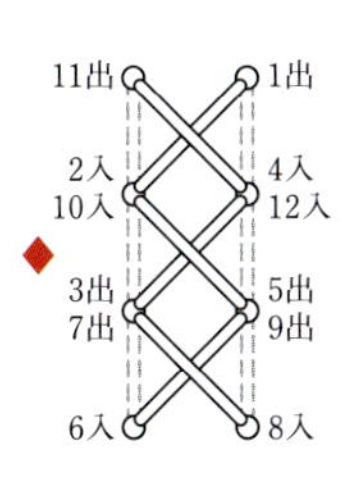

裏に厚みを出さない、縦に糸が並ぶ進め方

4. 1目ずつ縦に進むとき

★

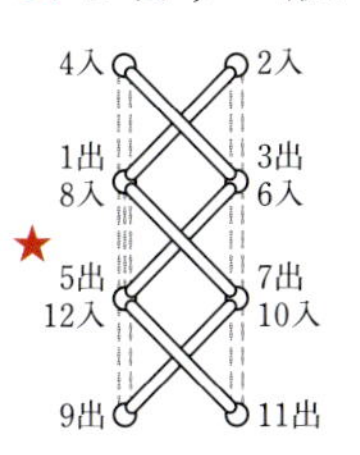

目の粗い布でも1目1目ふっくらして裏が縦にそろう進め方

※★・◆は刺し上がりの特徴（p.72参照）

4. 斜め下に進むとき

◆

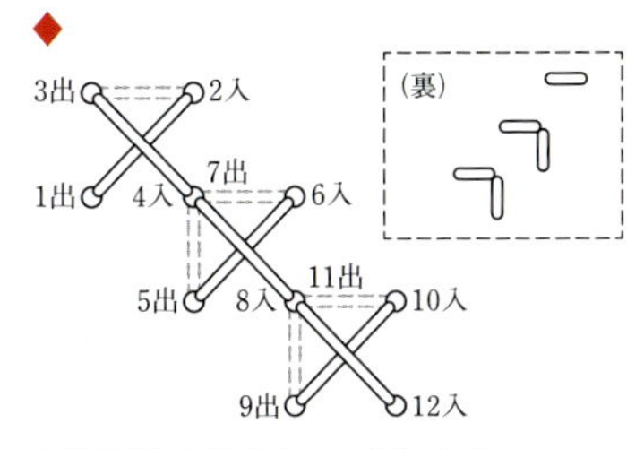

裏に厚みを出さない、斜めに糸を渡さない進め方

★

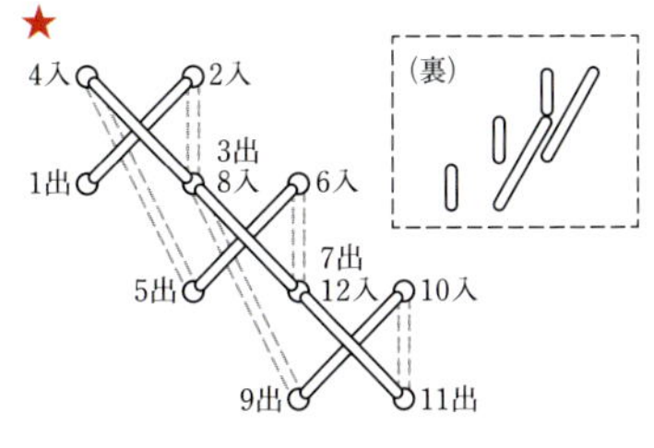

目の粗い布でも、1目1目をふっくら刺す進め方

◆

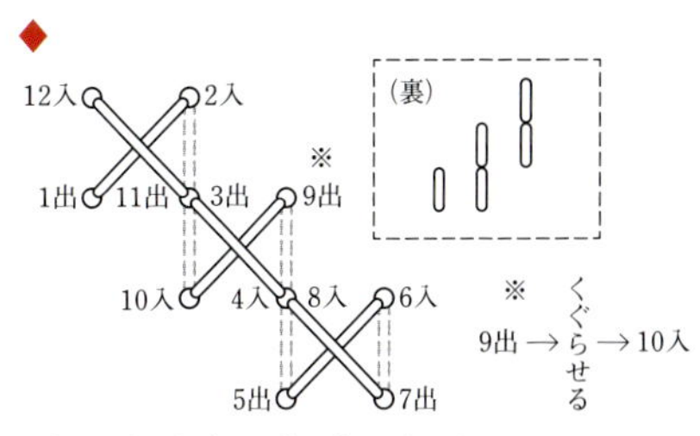

裏に厚みを出さず、裏に渡る糸が全部縦になる進め方

刺し上がりの特徴

★糸が鋭角に戻るので、目の粗い布でもふっくら刺し上がる

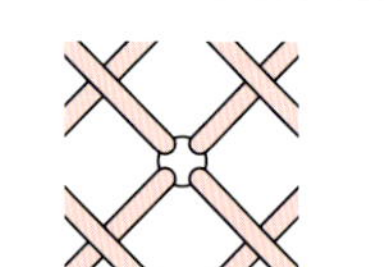

※★・◆の具体的な刺し進め方は71ページ

◆糸が鈍角またはまっすぐに進むので、目の粗い布では平らに刺し上がる

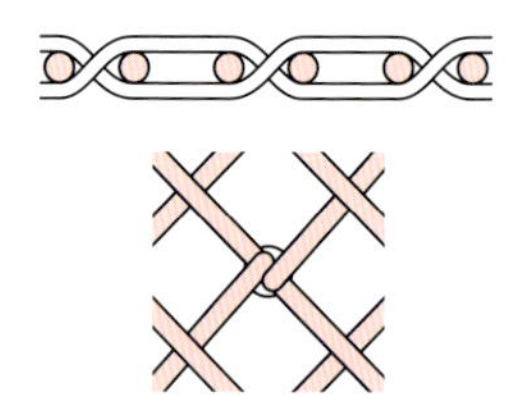

刺し終わりの糸始末

1．横にくぐらせる

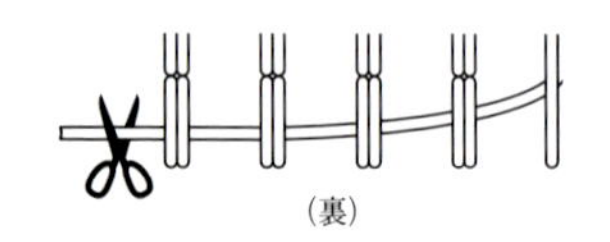

(裏)

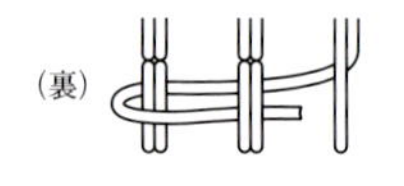

(裏)

残り糸が短い場合など、くぐらせたあとにひと針戻してもよい

2．縦にくぐらせる

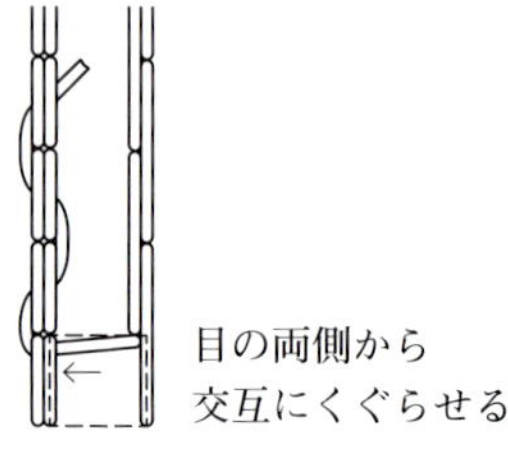

目の両側から交互にくぐらせる

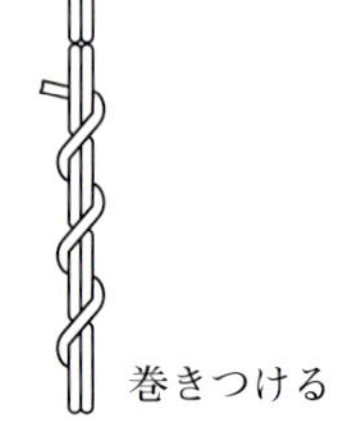

巻きつける

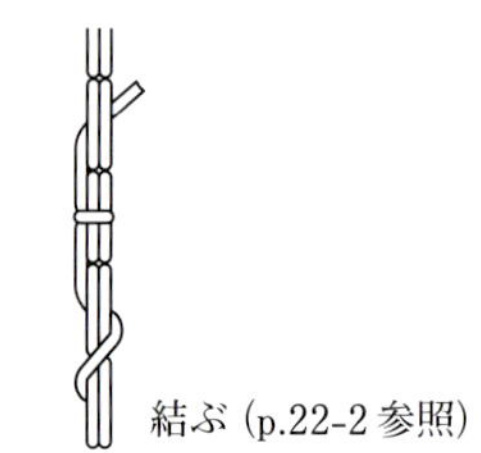

結ぶ (p.22-2参照)

教えて、安田先生！ Q&A

ハンカチにクロス・ステッチを刺したいのですが、裏もきれいに見える刺し方はありますか？

A ハンカチなどのクロス類は裏が見えるので、裏の針目も気になりますね。そういう作品は、写真のように裏で糸が縦に並ぶように刺せると、すっきりと美しく仕上がります。裏で糸が縦に並ぶように刺すには、71ページの「横に進むとき」、「縦に進むとき」の右、「斜め下に進むとき」の右のように針を進めます。

クロス・ステッチといっしょに使うステッチ

1. ホルベイン・ステッチ

クロス・ステッチでは表現できない線を表現する方法の一つ。バック・ステッチ（p.28 参照）とともによく使われる。

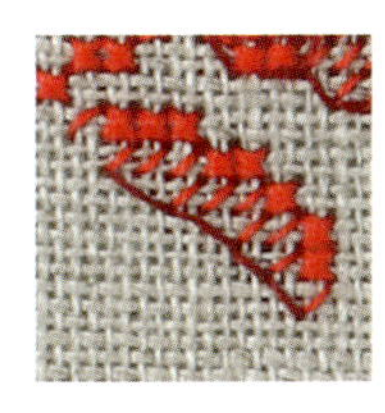

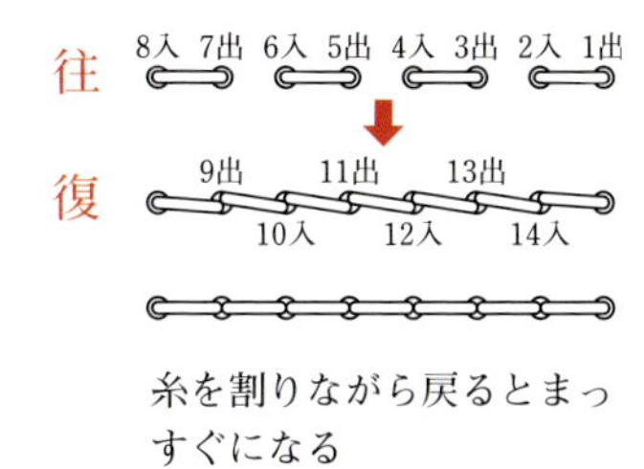

【チャートの表し方と実際のステッチ】

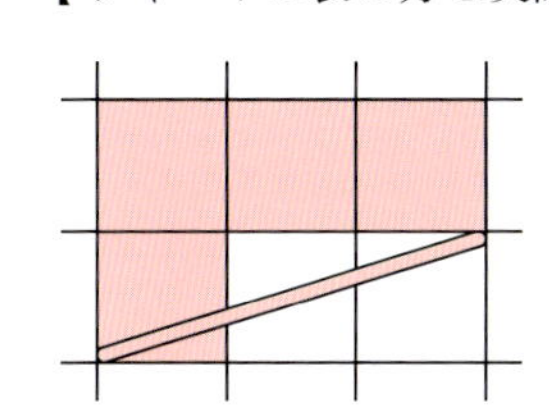

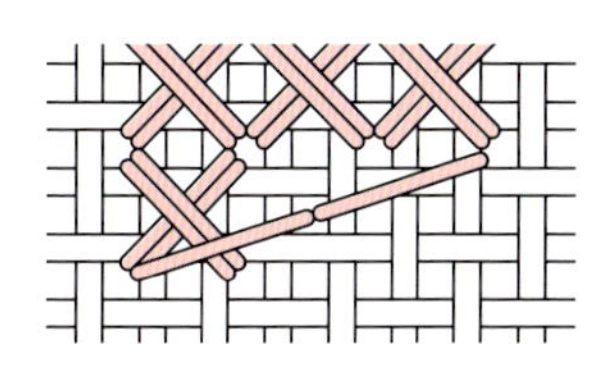

2. ハーフ・クロス・ステッチ

一つのマスに斜めの線を１本。陰をつける目的のときは１本どりで刺すこともある。

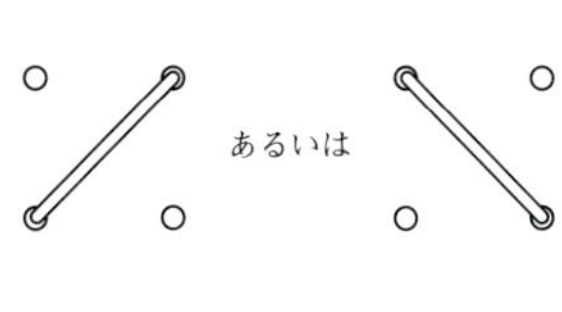

【チャートの表し方】

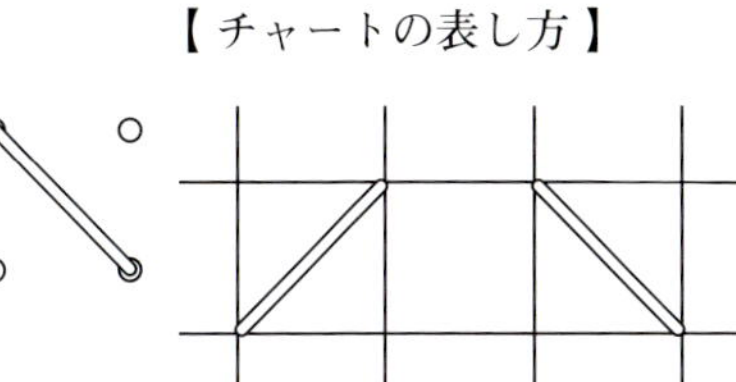

3. 1 over 1の刺し方

織り糸１本を１目として１本どりで刺すことを１ over １（ワンオーバーワン）と呼ぶ。平織りの布に刺す場合、織り糸の重なりに刺しゅう糸が入り込んでクロスの形がゆがむことがあるので対策が必要。

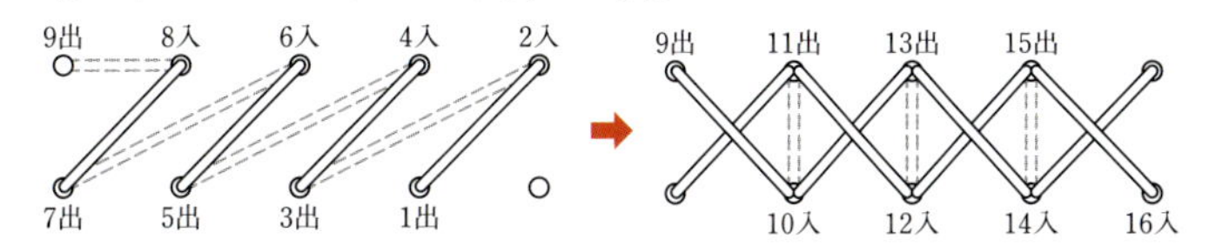

左図のような進み方で刺し、右図のように戻ると、裏に糸が渡ることで糸が布に入り込まない。裏に織りの接着芯を貼って刺すと糸がもぐらず、通常のクロス・ステッチの刺し進め方ができる。

教えて、安田先生！
Q&A

クロス・ステッチをする際の糸のよじれ対策

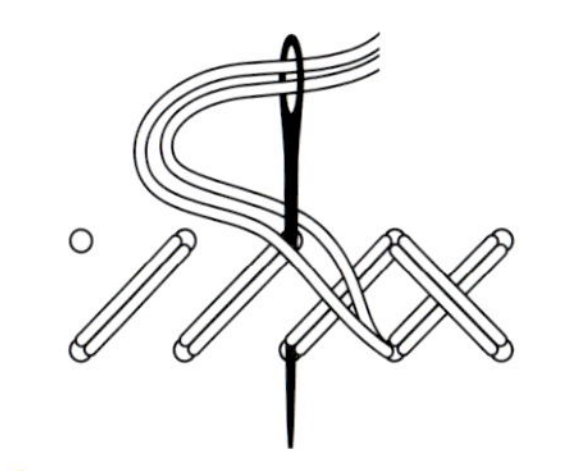

A クロス・ステッチを美しく仕上げるには、２本どりの糸がよじれないことが大切です。よじれ対策としてよく用いられるのがレイル・ローディングと呼ばれる方法。２本どりの糸を針で割りながら刺します。×の上側の糸だけでも割りながらステッチするときれいに見えるので、試してみてください。

ステッチ　サンプラー
チャート　76ページ

チャート 77ページ

【p.74　チャート】

刺しゅう糸は指定以外２本どり
布は 28 カウント リネン(ナチュラル)

クロス・S ■498

【p.75 チャート】

1 over 1のチャートは
4ページ

クロス・S ■321 ■498　ハーフ・クロス・S 1本どり ◢321　バック・S（またはホルベイン・S）1本どり ―498 ―815

ステッチ　サンプラー

図案と刺し方は巻末

チャートは巻末

ビーズ・スパングル刺しゅう

プラスチックや金属などの素材でできたビーズやスパングル。形状、大きさ、色もさまざまで、それぞれを組み合わせることで多彩な表現が可能です。刺しゅう糸だけではできない、きらきらと反射する豪華な刺しゅうを楽しめます。スパングルは「スパンコール」とも呼ばれます。

§1 ビーズとスパングル

ビーズの種類

1．パールビーズ

2．丸ビーズ

3．竹ビーズ

4．六角ビーズ

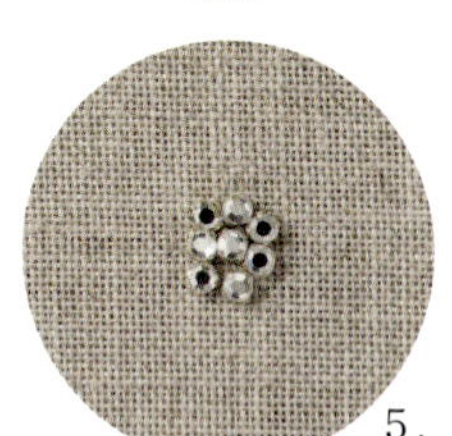

5．ラインストーン

スパングルの種類

1．平丸

2．亀甲

3．その他の形

4．トップホール
（穴が端にある）

§2 ビーズ刺しゅうの用具について

ビーズ刺しゅうに使う糸

●ビーズをとめる糸は60番または90番のミシン糸、手縫い糸、キルト糸を使うとよい。

●ビーズ刺しゅうの糸は布と同じ色を、スパングル刺しゅうの糸はスパングルに近い色を使う。
ビーズが透ける場合は、デザインに合わせて目立つ色の糸を使うこともある。

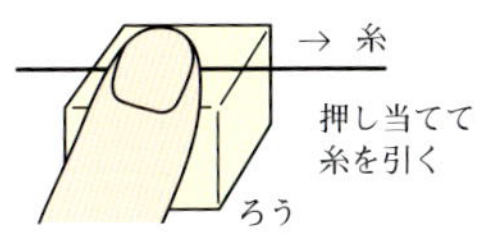

●ミシン糸は長くするとからまりやすいので40～50cmに短く切って使う。糸をろう引きしておくのも効果的。

●糸の本数

パーツ	糸の本数
ビーズ、ラインストーン、プラスチックパーツ	2本どり
スパングル	1本どり
スパングル＋ビーズ	2本どり

ビーズ刺しゅうに使う針

●ビーズが通ることを確認する。

●専用のビーズ刺しゅう針のほか、メリケン針の9番、フランス刺しゅう針の10番も使える。

その他の用具

1．枠

●ビーズを刺した部分には枠をはめられない。枠を使う場合は図案より大きい枠を使う。

2．トレイ

●刺しゅうをするときは、使うビーズをトレイに出しておく。フェルトなど滑らない素材でトレイを作ると、ビーズが転がったり跳ねたりすることがなく作業しやすい。ビーズが見やすい色を選ぶ。

§3 ビーズの刺し方

刺し始めの糸始末

ビーズは重みがあるので、玉結びをしてから小さな返し縫いをして刺し始める。70ページで紹介した「ループメソッド」で刺し始めてもよい。

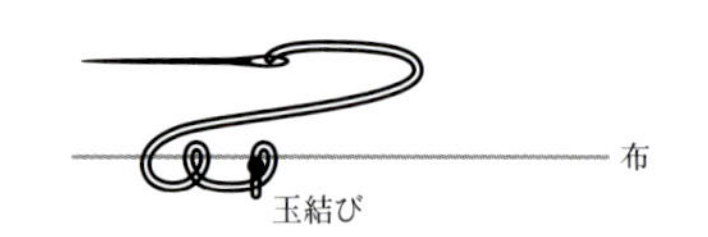

刺し終わりの糸始末

布の裏で玉どめをしてから、数針糸にからげて糸を切る。

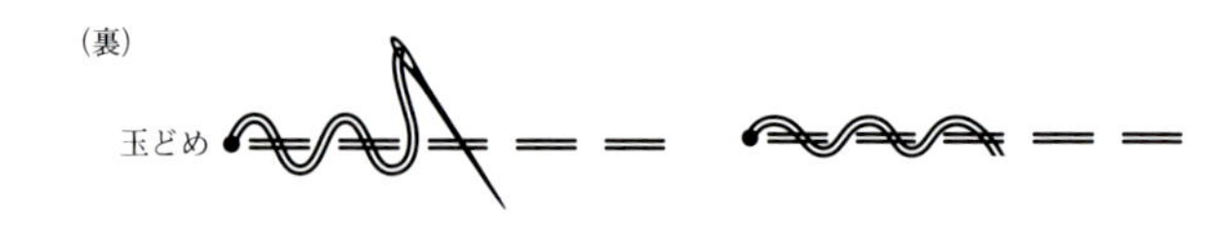

連続刺し

1. 4個刺して2個戻る刺し方（丸ビーズに向いている刺し方）

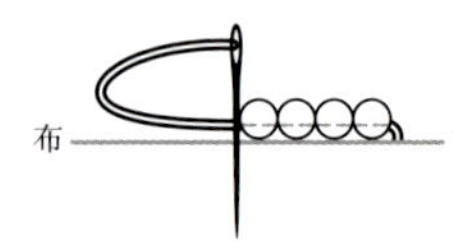

①ビーズ4個に針を通し、4つめのビーズのきわに針を入れる。

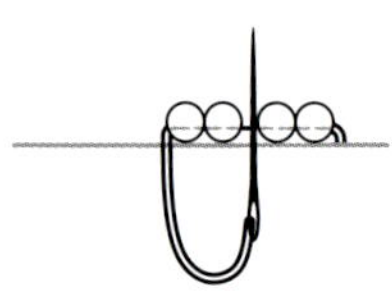

②2つめと3つめのビーズの間から針を出し、左の2個にもう一度針を通す。

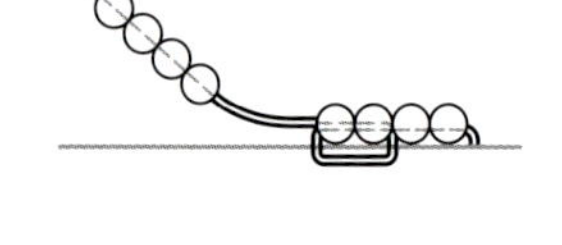

③次の4個を新たに針に通す。

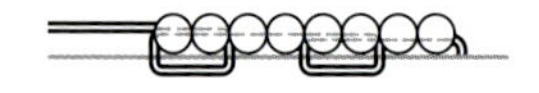

④4つめのきわに針を入れ、②〜③をくり返す。

2. 3個刺して2個戻る刺し方（パールビーズに向いている刺し方）

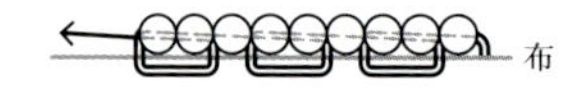

1.と同じ要領。①で3個に通し、②で1つめと2つめのビーズの間から針を出す。

3. 2個通して1個戻る刺し方（竹ビーズに向いている刺し方）

「2個刺して1個戻ってもう一度針を通す」ことをくり返す。

1粒刺し

1．並縫い

針を表に出し、ビーズを通す。
ビーズの幅で針を入れる。

2．返し縫い

針を戻しながら進める。

3．二度縫い

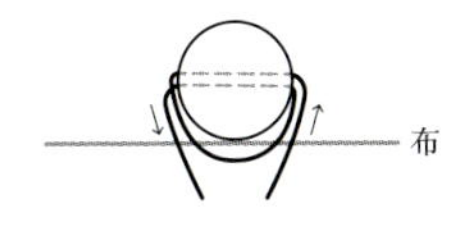

大きなビーズは、ビーズに糸を２度通して縫いとめる。ビーズのきわに針を入れる。

丸く刺す場合

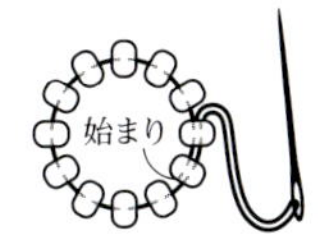

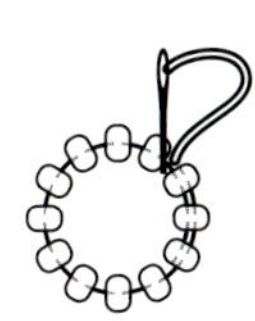

①布の裏から針を出し、ビーズをすべて針に通す。１つめと２つめのビーズにはもう一度針を通し、円にする。

②コーチングの要領で、ビーズをつないだ糸に糸を渡して縫いとめる。

③ビーズ２個ごとに１周縫いとめる。

ラインストーンのとめ方

1．穴が平行にあいているもの

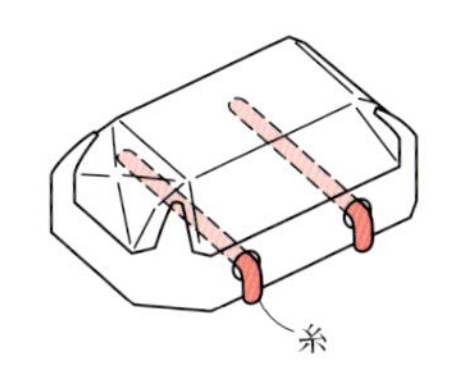

2．穴が十字にあいているもの

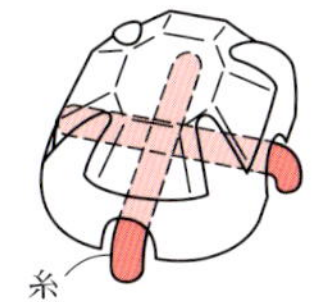

教えて、安田先生！ Q&A

糸がゆるんで、ビーズがしっかりとまりません

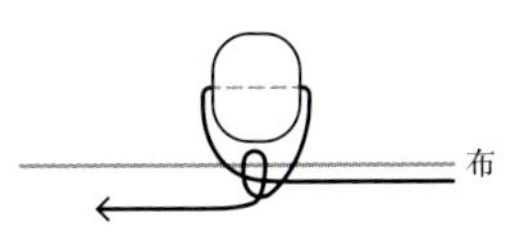

A ビーズ刺しゅうをきれいに仕上げるには、糸がゆるまないことが大切ですね。ゆるみを防止するには、ビーズの下でひと針小さな返し縫いをするといいですよ。この方法はビーズどうしを離して刺す場合や一粒だけ刺すときに、特に有効です。

§4 スパングルの刺し方

連続刺しでとめる

1．アウトライン・ステッチの要領（左から右に進める）

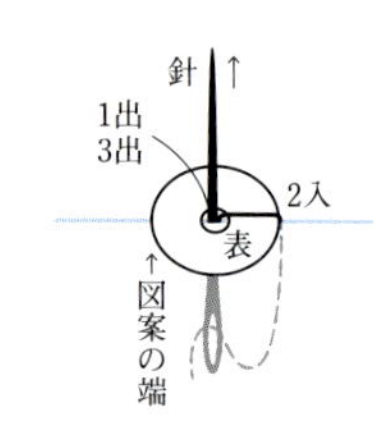

①スパングルの穴から針を出し、きわに針を入れて、もう一度穴から針を出す。

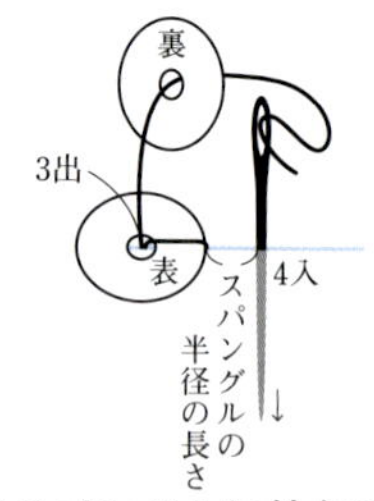

②次のスパングルに針を通し、前のスパングルから半径分進んだところに針を入れる。

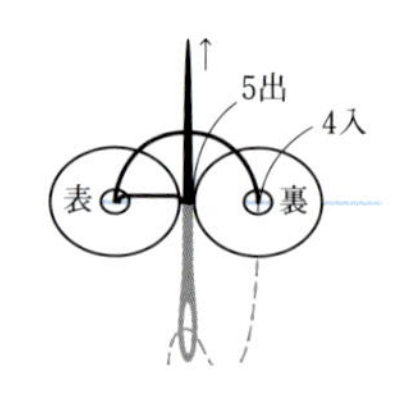

③２枚のスパングルの間に針を出す。

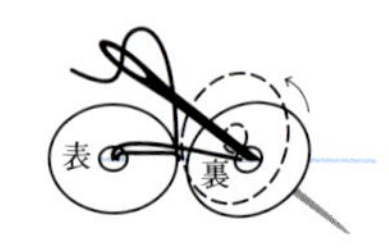

④２枚めのスパングルに裏から針を入れ、表が上になるように返して１枚めのスパングルに重ねる。

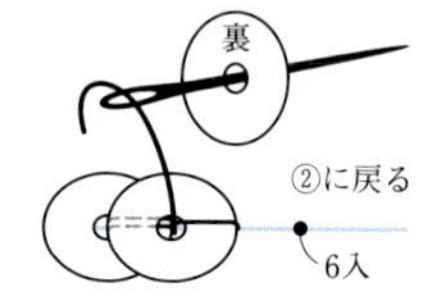

⑤次のスパングルに針を通し、②〜④をくり返す。最後のスパングルには２回針を通して刺し終える。

2．バックステッチの要領（右から左に進める）

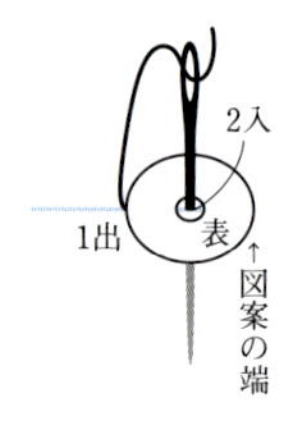

①図案とスパングルの端を合わせ、反対側のスパングルのきわから針を出し、穴に針を入れる。

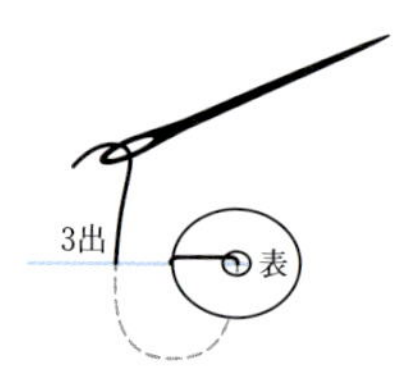

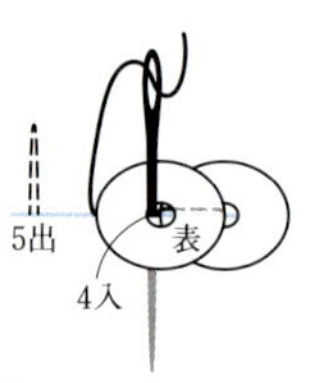

②スパングル半径分進んだところに針を出し、次のスパングルを通して針を戻す。前のスパングルと半径分重なる。

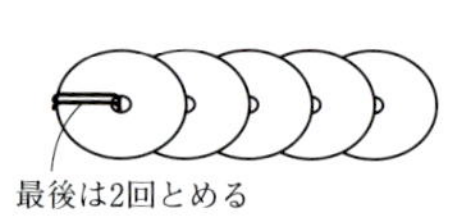

③同様にくり返し、最後のスパングルには２回針を通して刺し終える。

並べてとめる（すべて右から左に進める）

1．ビーズでとめる

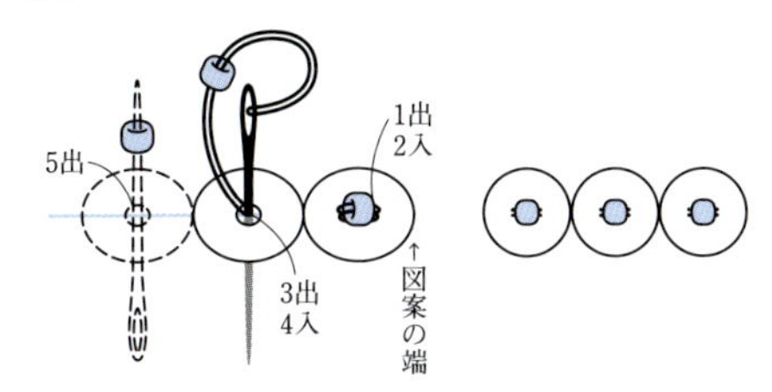

図案の端にスパングルの端を合わせて置き、穴から針を出す。ビーズを針に通し、再び穴に針を入れる。

2．片側をとめる

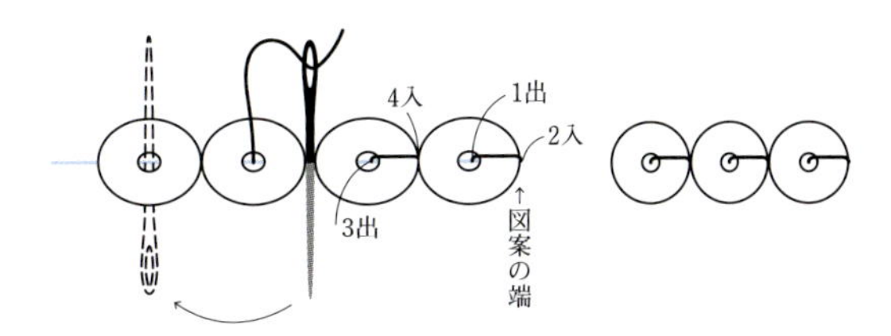

図案の端にスパングルの端を合わせて置き、穴から針を出す。スパングルの右のきわに針を入れる。

3．両側をとめる

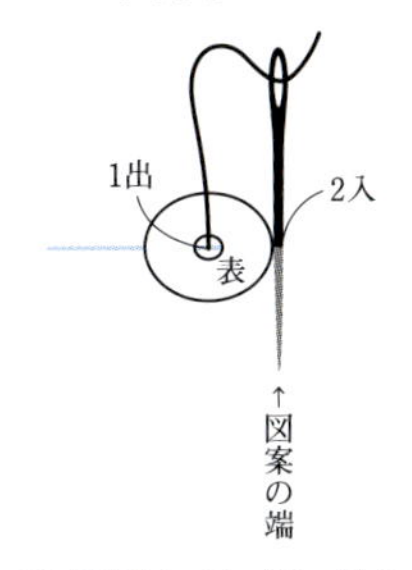

①図案とスパングルの端を合わせ、穴から針を出す。右のきわに針を入れる。

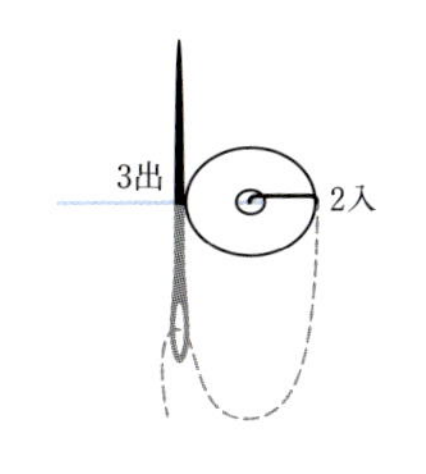

②反対側の端から針を出す。

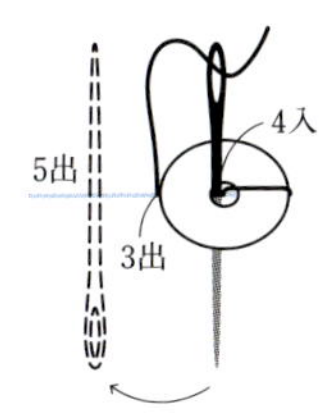

③スパングルに針を入れ、半径分進んだところに針を出す。

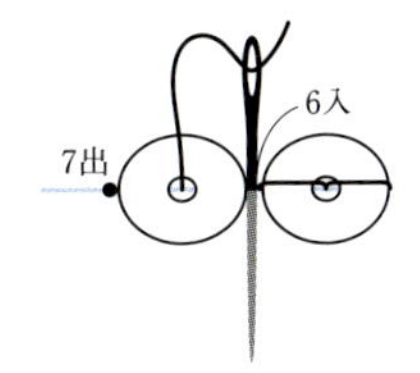

④次のスパングルを針に通し、右のきわに針を入れる。

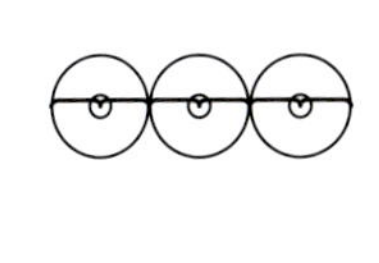

⑤②～④をくり返す。

その他のとめ方

1．3カ所をとめる

スパングルの穴から針を出し、均等な角度で外側に針を入れる。

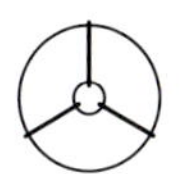

2．ビーズをはさんで起き上がらせる

スパングルの間にビーズを通す。

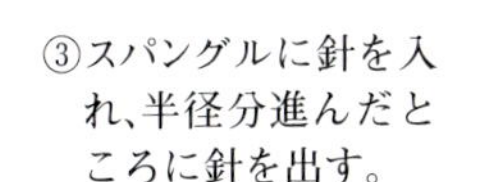

リボン刺しゅう

糸の刺しゅうより早く広い面積が刺せるリボン刺しゅうは、専用のリボンを使って刺します。柔らかい素材感が特徴で、花や葉っぱをふんわり刺せるのはリボン刺しゅうならではの魅力です。

§1 リボンについて

リボンの種類

●幅3.5mmのリボンがもっとも多く使われる。グラデーションリボンもあり、葉を刺すのに効果的。

●カード巻きで折り目がしっかりついているときは、低温のアイロンをかけて伸ばしてから使う。ミシン糸の芯や紙を筒状にしたものに巻いておくとくせがつかない。

●湿気を避けるために、そうめんの空き箱など桐の箱に保管しておくのがおすすめ。

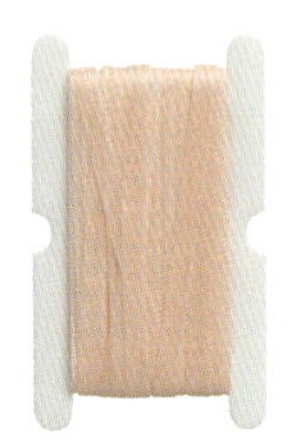

リボン刺しゅうの針

リボンが通しやすいよう針穴が広く長く開いていて、先　の尖った「シェニール針」と呼ばれる専用の針を使う。ニットに刺す場合は先が丸いタイプを使う。

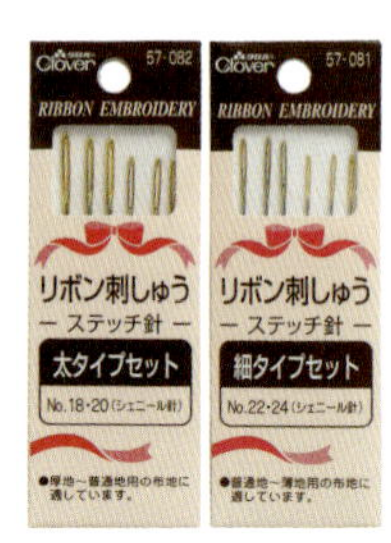

リボンを針に通す方法

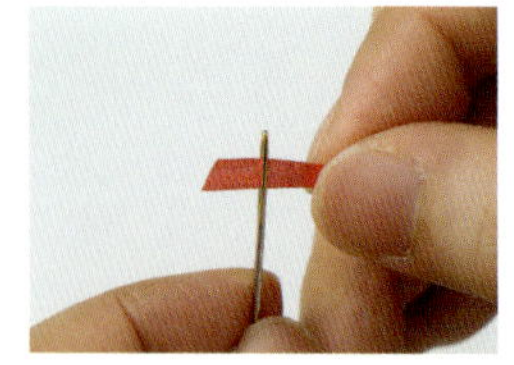

①端を斜めにカットして通す。幅広のリボンは幅を半分に折って通す。

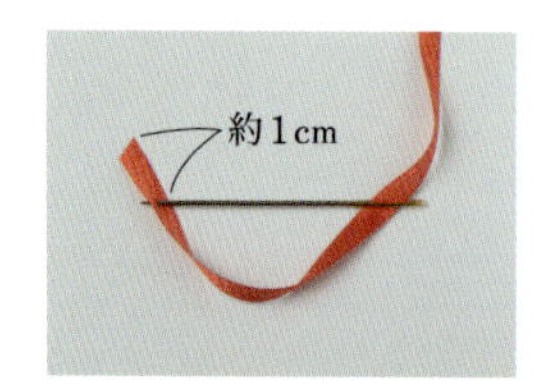

②リボンの端から1cmくらいのところに針を刺して通す。

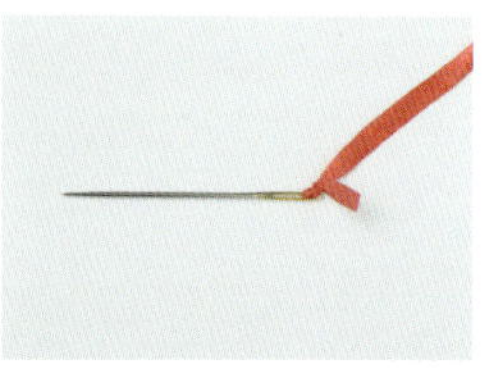

③リボンの長いほうを引っぱる。短い端が針穴に固定される。

刺し始め

1. 玉結び

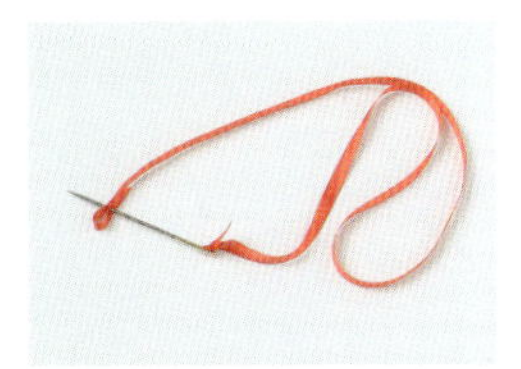

①リボンの端を1～2cm折り、針先を通す。

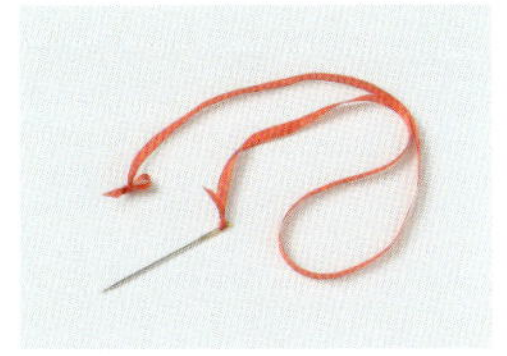

②そのまま針を抜くと端に結び玉ができる。

2. 刺し始めのステッチ

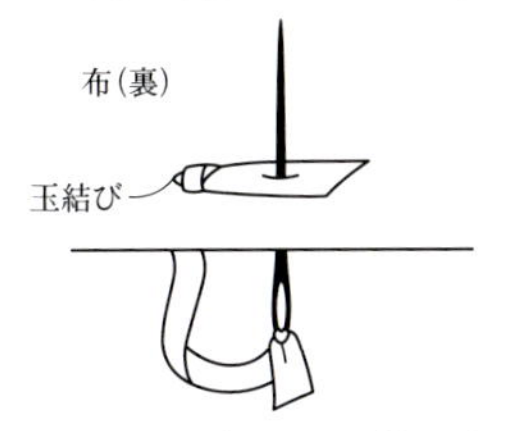

ステッチの最初のひと針の裏で、玉結びの先に針を通すとしっかりとめられる。

3. 刺し終わり

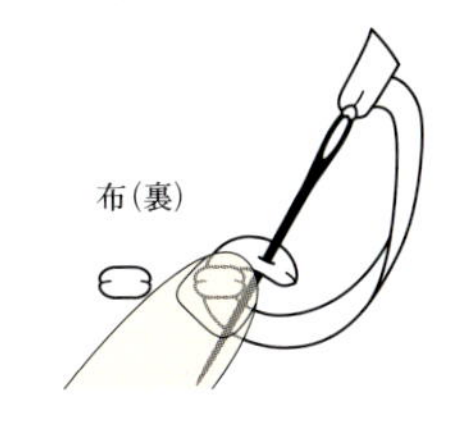

裏で針目に通し、縫い目を押さえながら、いま通したリボンに針を1回通す。

§2 リボンの刺し方

リボン・ステッチ

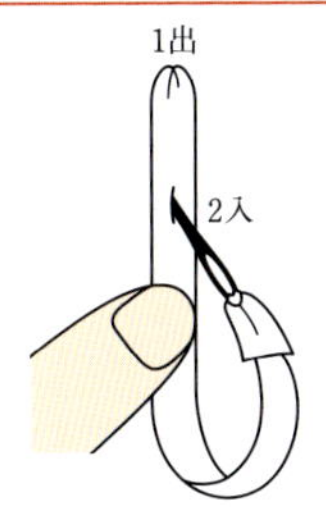

①リボンがねじれないように押さえ、リボンの幅の中央に針を入れる。

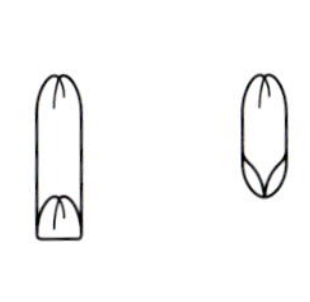

②針を最後まで引く。一気に引くとリボンが細くなってしまうので気をつける。

《ふっくらさせるとき》

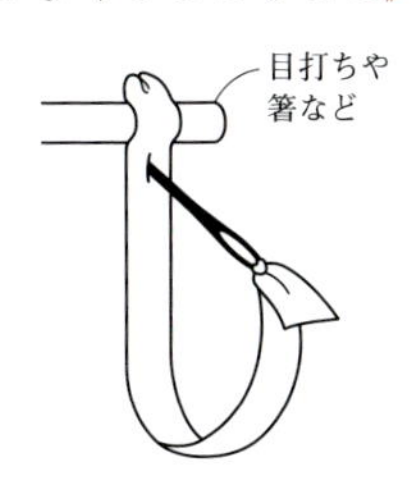

目打ちや箸など細長い棒をはさんで刺す。

《カーブさせるとき》

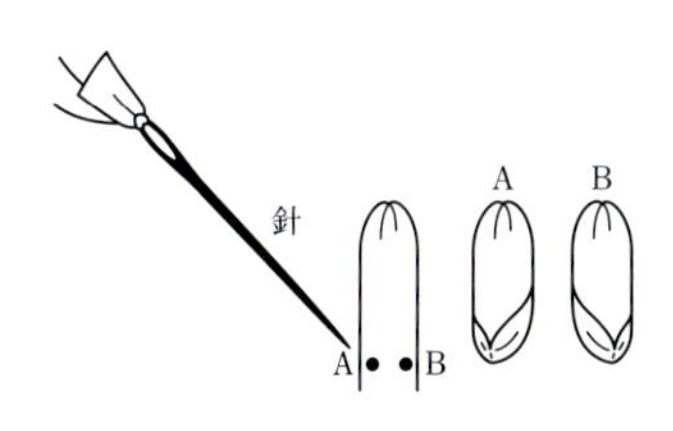

リボンの端に針を入れると花びらが少しカーブする。

スパイダー・ウェブ・ローズ

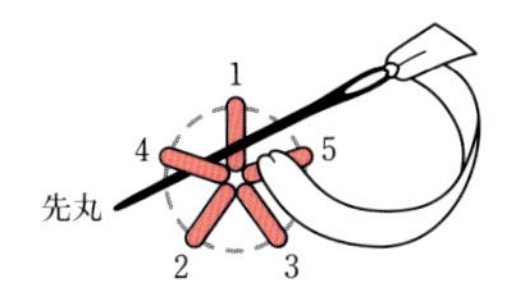

①リボンと同色の25番刺しゅう糸でストレート・ステッチを5本刺す。中央からリボンを出し、5本の柱に1本おきにリボンをくぐらせる。

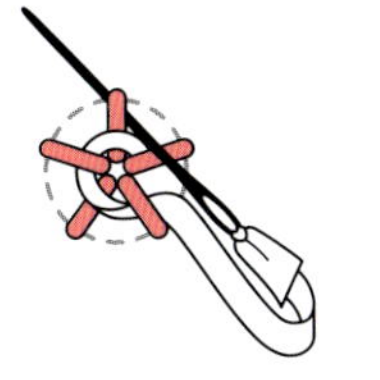

②刺しゅう糸が見えなくなるまでくぐらせていく。

③刺し終わりは針を奥に入れる。

ステッチ　サンプラー

図案と刺し方　90ページ

ステッチ　サンプラー

図案と刺し方　91ページ

【p.88 実物大図案】

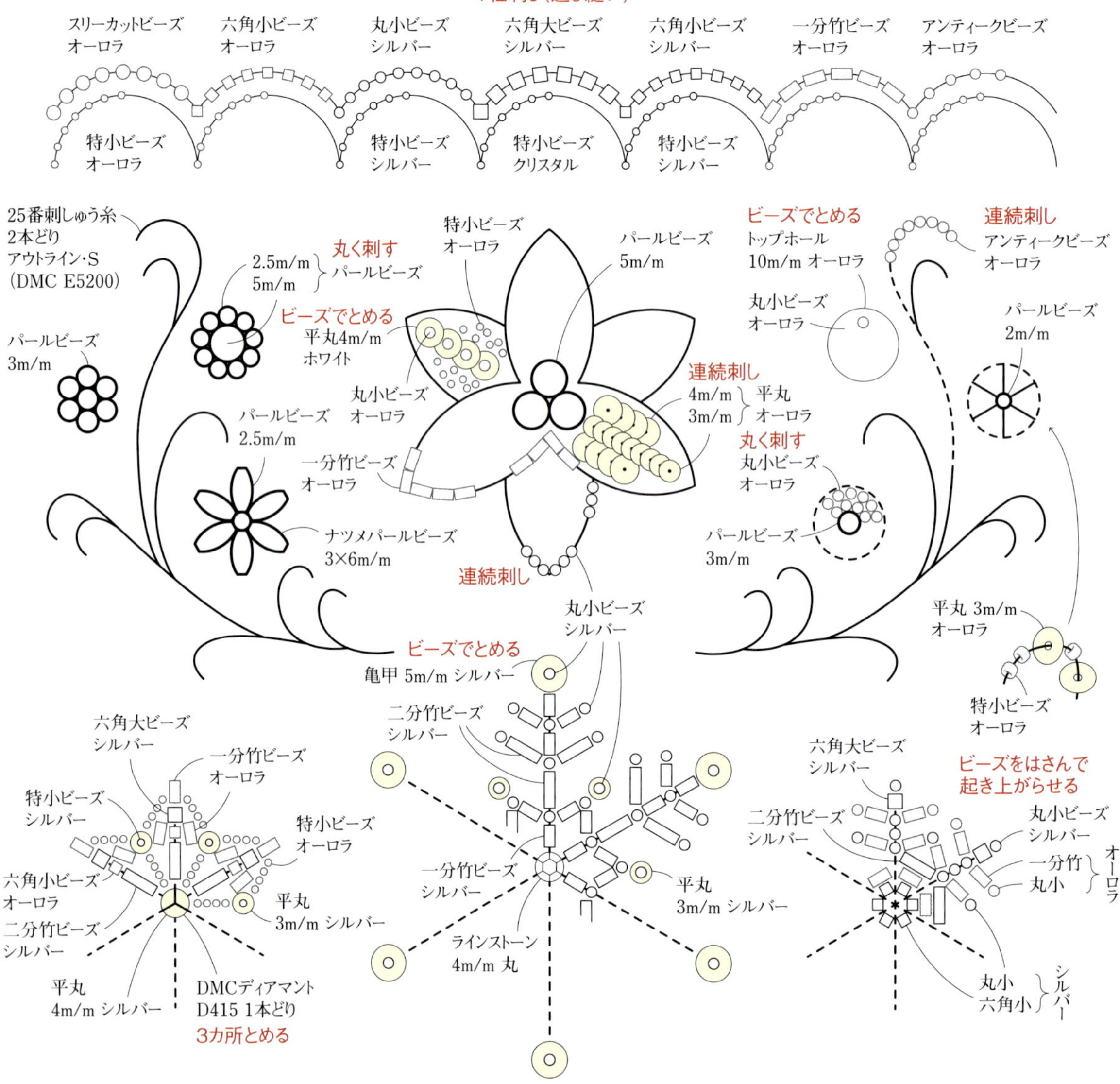

1粒刺し(返し縫い)
スリーカットビーズ
オーロラ
六角小ビーズ
オーロラ
丸小ビーズ
シルバー
六角大ビーズ
シルバー
六角小ビーズ
シルバー
一分竹ビーズ
オーロラ
アンティークビーズ
オーロラ
特小ビーズ
オーロラ
特小ビーズ
シルバー
特小ビーズ
クリスタル
特小ビーズ
シルバー
25番刺しゅう糸
2本どり
アウトライン・S
(DMC E5200)
2.5m/m
5m/m
丸く刺す
パールビーズ
ビーズでとめる
パールビーズ
3m/m
特小ビーズ
オーロラ
パールビーズ
5m/m
平丸4m/m
ホワイト
丸小ビーズ
オーロラ
連続刺し
4m/m
3m/m
平丸
オーロラ
パールビーズ
2.5m/m
一分竹ビーズ
オーロラ
ナツメパールビーズ
3×6m/m
連続刺し
ビーズでとめる
トップホール
10m/m オーロラ
丸小ビーズ
オーロラ
連続刺し
アンティークビーズ
オーロラ
パールビーズ
2m/m
丸く刺す
丸小ビーズ
オーロラ
パールビーズ
3m/m
丸小ビーズ
シルバー
ビーズでとめる
亀甲 5m/m シルバー
平丸 3m/m
オーロラ
特小ビーズ
オーロラ
二分竹ビーズ
シルバー
六角大ビーズ
シルバー
一分竹ビーズ
オーロラ
特小ビーズ
シルバー
特小ビーズ
オーロラ
六角小ビーズ
オーロラ
二分竹ビーズ
シルバー
平丸
3m/m シルバー
平丸
4m/m シルバー
DMCディアマント
D415 1本どり
3カ所とめる
一分竹ビーズ
シルバー
ラインストーン
4m/m 丸
平丸
3m/m シルバー
六角大ビーズ
シルバー
ビーズをはさんで
起き上がらせる
二分竹ビーズ
シルバー
丸小ビーズ
シルバー
一分竹
丸小
オーロラ
丸小
六角小
シルバー

【p.89 実物大図案】

リボンは指定以外 MOKUBA No.1540-3.5m/m

㉕は25番刺しゅう糸

367

葉はサテン・S

356

514

アウトライン・S

002 スパイダー・ウェブ・ローズ

リボン・S

丸小ビーズ ピンク

ストレート・S 357

スパイダー・ウェブ・ローズ

内側3.5m/m 091

外側7m/m 009

レイジー・デイジー・S

156

フィッシュボーン・S

356

182

162

パールビーズ 2m/m

サテン・S 357

中央の花は

1540-7m/mでリボン・S

252

182

フライ・ステッチ・リーフ

357

ダブル・ヘリンボーン・S 136

リボン・S 009

フレンチノット 071

ループにした

リボン・S 009

リボン・S

1542 12

㉕2本どり アウトライン・S 988

リボン・S 558

㉕2本どり

フレンチ・ノット

744

㉕2本どり

アウトライン・S 581

フェザー・S 364

アップリケ

刺しゅうでは難しい、大きな面の装飾がかんたんにできるアップリケは、つねに刺しゅうと共に親しまれてきました。刺しゅうとアップリケを組み合わせると、楽しみ方も広がります。

アップリケの方法

アップリケ布の準備

1. 折り代をあらかじめ折る方法

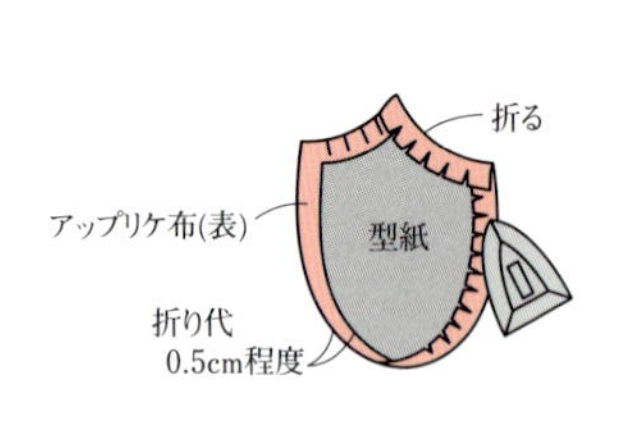

①アップリケ布は折り代に切り込みを入れる。型紙に沿って折り代を折ってアイロンで整える。

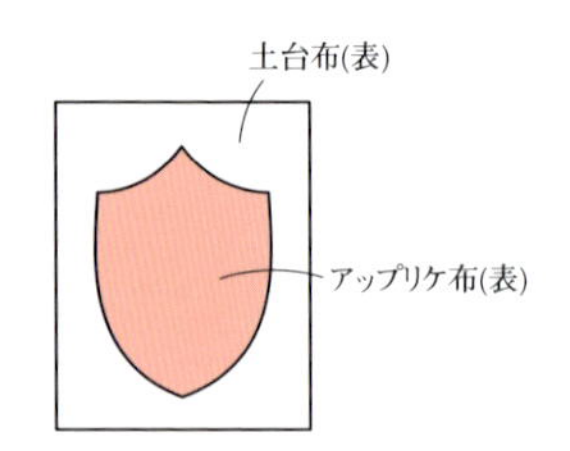

②土台布にまつる。

2. 折り代を針先で折り込む方法

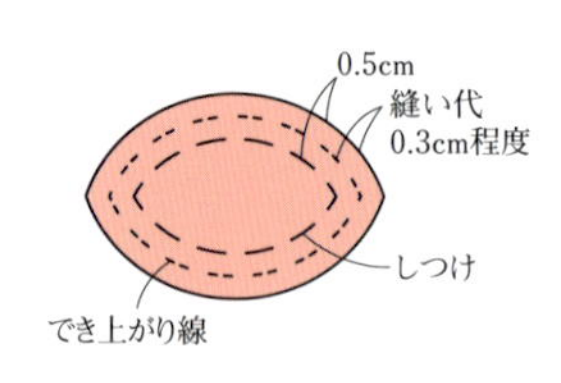

①アップリケ布を土台布にしつけでとめる。

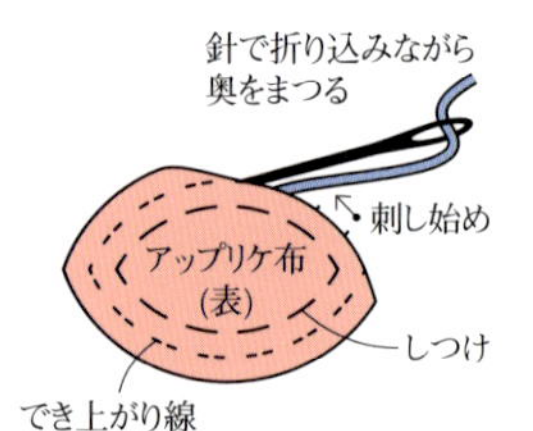

②折り代を針先で折り込みながら、奥をたてまつりでまつる。

3. 折り代をぐし縫いする方法(丸い形に向いている)

①でき上がりサイズの型紙を厚紙で作る。

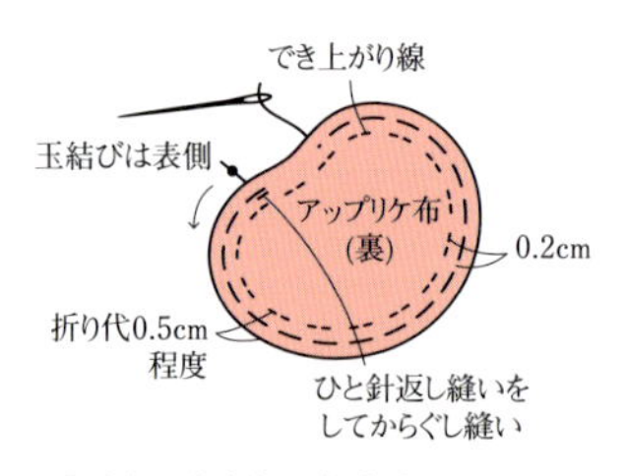

②折り代幅の中央を一周ぐし縫いする。

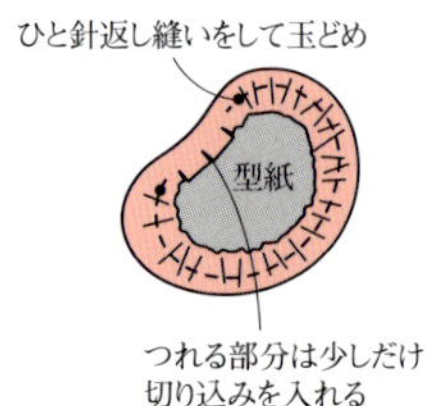

③型紙を入れてぐし縫いした糸を引き、アイロンで形を整える。

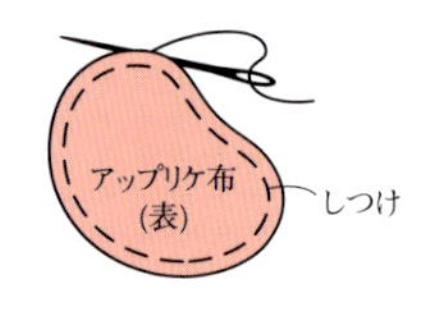

④型紙をはずして土台布にのせ、しつけをかけてからまつる。

4. 裁ち切りの布をアップリケする方法

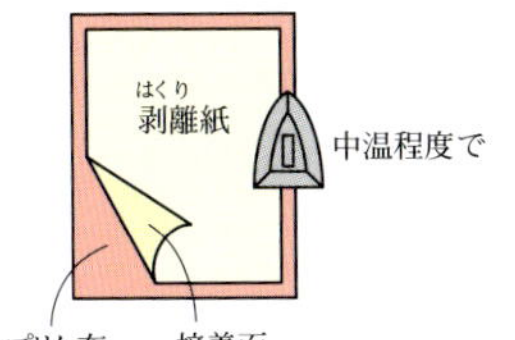

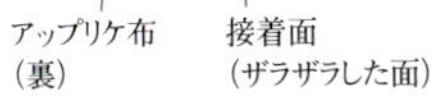

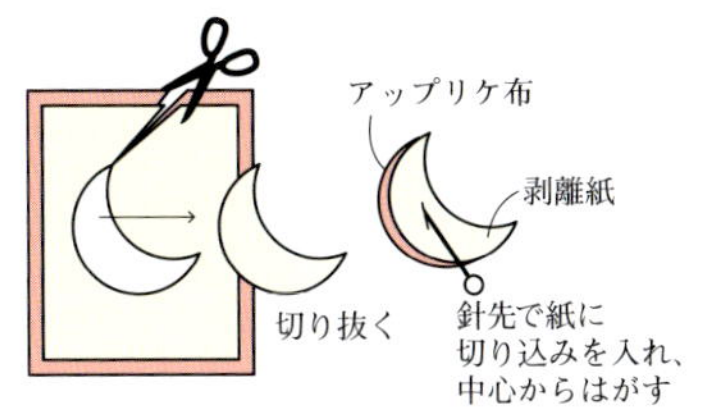

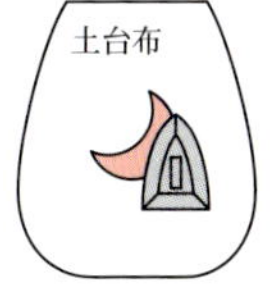

①図案よりひと回り大きく裁ったアップリケ布の裏に両面接着芯をアイロンで貼る。

②型紙の裏を上にして置き、輪郭をなぞる。

③アップリケ布を切り抜き、接着芯の剥離紙(はくり)を外に向けてはがす。

④剥離紙をはがした面(裏)を土台布にのせてアイロンで接着し、ステッチでおさえる。

5. リバースアップリケ

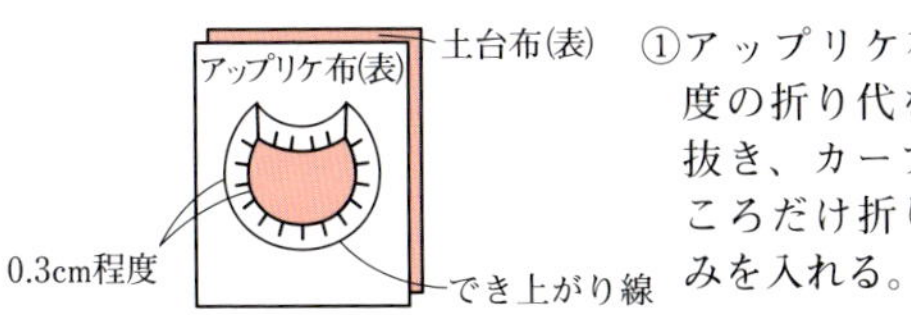

①アップリケ布は0.3cm程度の折り代をとって切り抜き、カーブがきついところだけ折り代に切り込みを入れる。

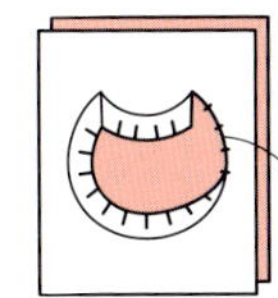

②アップリケ布の折り代を折り込みながらまつる。

まつり方

1. たてまつり

アップリケ布の折り山のきわに垂直に針を入れる。

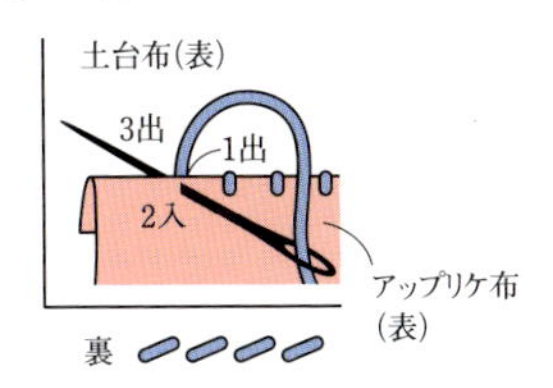

2. 奥をたてまつり

折り山から針を出し、折り山よりやや内側の土台布に針を入れる。針目がほとんど目立たない。

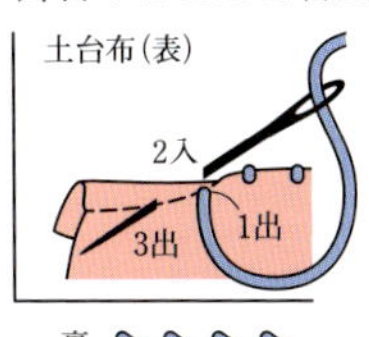

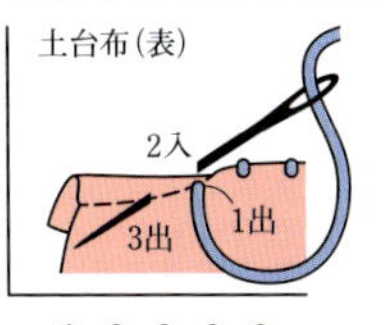

3. いろいろなステッチ

ジグザグミシン、ブランケット・ステッチ、フェザー・ステッチ、コーチングなどで縫いつける方法も効果的。

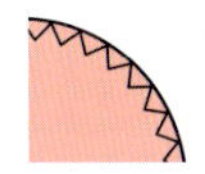

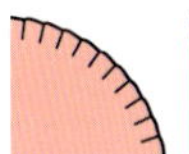

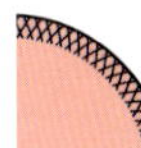

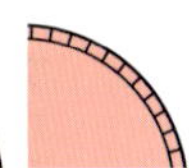

4. ピン・ステッチ
(シャドーアップリケに)

太めの針で土台布を2回すくうことで小さな穴があいて、それがデザインのポイントにもなるかがり方。

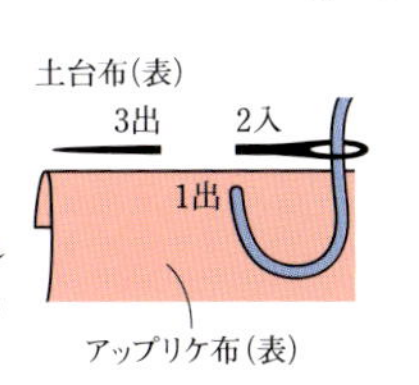

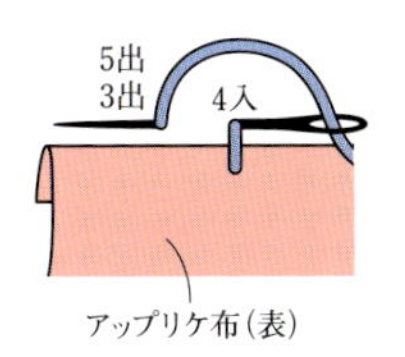

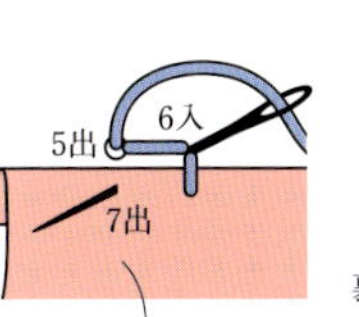

アップリケ　サンプラー
図案と刺し方　95ページ

【p.94 実物大図案】

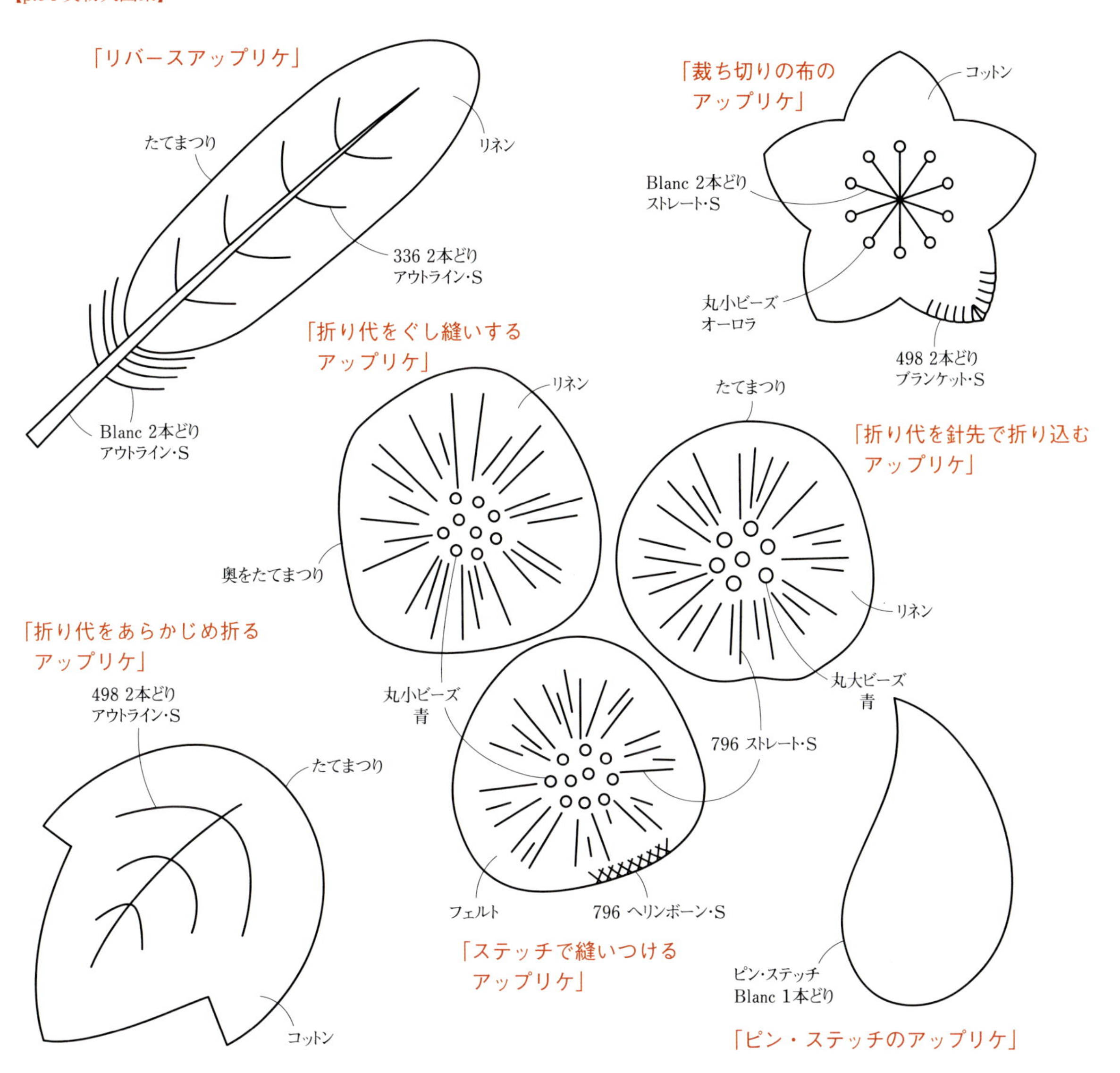
「リバースアップリケ」
たてまつり
リネン
336 2本どり
アウトライン・S
Blanc 2本どり
アウトライン・S
「裁ち切りの布の
アップリケ」
コットン
Blanc 2本どり
ストレート・S
丸小ビーズ
オーロラ
498 2本どり
ブランケット・S
「折り代をぐし縫いする
アップリケ」
リネン
奥をたてまつり
たてまつり
「折り代を針先で折り込む
アップリケ」
リネン
丸大ビーズ
青
丸小ビーズ
青
796 ストレート・S
フェルト
796 ヘリンボーン・S
「ステッチで縫いつける
アップリケ」
「折り代をあらかじめ折る
アップリケ」
498 2本どり
アウトライン・S
たてまつり
コットン
ピン・ステッチ
Blanc 1本どり
「ピン・ステッチのアップリケ」

〈著者紹介〉

安田由美子 やすだゆみこ

文化服装学院デザイン専攻を卒業後、同校に洋裁の教員として勤務。現在は手芸誌で作品を発表したり、手芸にまつわるコラムの執筆を行ったりするほか、海外の手芸書の日本語版監修も手がける。2007年に始めたブログ「もったいないかあさんのお針仕事」では、刺しゅうのコツはもちろんのこと、道具や書籍についてなど、手作りの多岐にわたる内容を書き綴っている。

http://mottainaimama.blog96.fc2.com

はじめてでもきれいに刺せる

刺しゅうの基礎

2017年12月10日　第1刷発行
2018年7月1日　第3刷発行

著　者　安田由美子
発行者　中村　誠
印刷所　図書印刷株式会社
製本所　図書印刷株式会社
発行所　株式会社 日本文芸社
〒101-8407 東京都千代田区神田神保町1-7
TEL 03-3294-8931(営業) 03-3294-8920(編集)

Printed in Japan　112171125-112180621 Ⓝ 03

ISBN978-4-537-21534-2

URL https://www.nihonbungeisha.co.jp/

©Yumiko Yasuda 2017

編集担当　吉村

〈スタッフ〉

ステッチサンプラー制作(p.27, 29, 33, 35, 41, 43, 45)
脇田美加(JACA 日本アートクラフト協会)

ブックデザイン
佐々木千代(双葉七十四)

DTP
株式会社ウエイド 手芸制作部 大田治子

撮影
天野憲仁(日本文芸社)

編集
山本晶子

〈素材提供〉

クロバー株式会社
〒537-0025　大阪府大阪市東成区中道3-15-5
TEL.06-6978-2277(お客様係)
http://www.clover.co.jp

株式会社ルシアン
お客様センター　0120-817-125(通話料無料)　平日9～17時半
http://www.lecien.co.jp

リトルスティッチ
〒185-0034　東京都国分寺市光町1-38-3　シティコープ1F
TEL./FAX.042-505-5837
営業時間10～17時　定休日／土日祝日、第2・第4月曜日

〈協力〉

JACA 日本アートクラフト協会
〒110-0015　東京都台東区東上野1-31-1 アーバントップ
TEL.03-3835-1423
http://jaca-escargot.co.jp

印刷物のため、作品の色は実際と違って見えることがあります。ご了承ください。

本書の一部または全部をホームページに掲載したり、本書に掲載された作品を複製して店頭やネットショップなどで無断で販売することは、著作権法で禁じられています。

乱丁・落丁本などの不良品がありましたら、小社製作部宛にお送りください。送料小社負担にておとりかえいたします。
法律で認められた場合を除いて、本書からの複写・転載(電子化を含む)は禁じられています。
また、代行業者等の第三者による電子データ化および電子書籍化は、いかなる場合も認められていません。

【p.78 実物大図案とチャート】

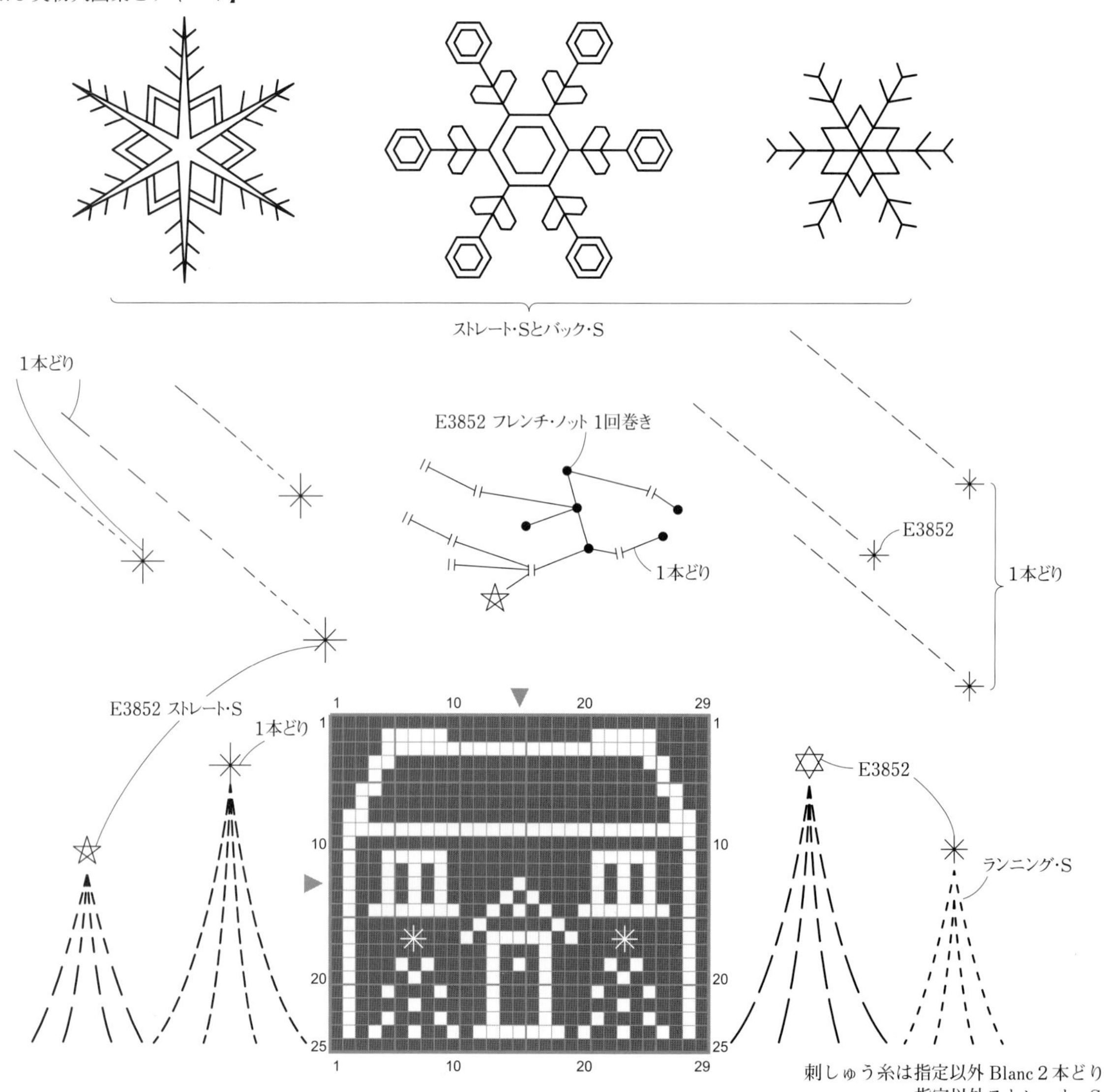

刺しゅう糸は指定以外 Blanc 2本どり
指定以外ストレート・S
中央下部は抜きキャンバスでクロス・S
中の星は左 E3852、右 Blanc 1本どり